Berliner Beiträge zum Genossenschaftswesen
Berlin Cooperative Papers   69

Herausgegeben vom Vorstand
des Instituts für Genossenschaftswesen
an der Humboldt-Universität zu Berlin

Markus Hanisch (Hrsg.)

Brennpunkt Agrarpreise – Ursachen, Trends und Risikomanagement für die Praxis

Markus Hanisch (Hrsg.)

Brennpunkt Agrarpreise – Ursachen, Trends und Risikomanagement für die Praxis

Berliner Beiträge zum Genossenschaftswesen

Berlin Cooperative Papers

Band/Vol. 69

ISBN: 978-3-86741-592-7

Auflage: 1
Erscheinungsjahr: 2010
Erscheinungsorte: Berlin und Bremen, Deutschland

© Institut für Genossenschaftswesen an der Humboldt-Universität zu Berlin, 2010 und Europäischer Hochschulverlag GmbH & Co. KG, Fahrenheitstr. 1, 28359 Bremen (www.eh-verlag.de)

Inhalt

Themenüberblick und Vorwort des Herausgebers 5

Möglichkeiten und Status quo des Risikomanagements in
landwirtschaftlichen Unternehmen
Oliver Mußhoff und Norbert Hirschauer 9

Temporär hohe Agrarpreise:
Struktur- und Einkommenseffekte in der Landwirtschaft
Franziska Appel, Alfons Balmann und Konrad Kellermann 27

Auswirkungen des Öl- und Nahrungsmittelpreisanstiegs sowie der
Bioenergieförderung auf den Energiepflanzenanbau in Deutschland
Philipp Grundmann, Hilde Klauss und Mathias Schindler 39

Lohnt sich der Energiepflanzenbau noch aus einzelbetrieblicher Sicht?
Andreas Dubois 57

Agrarpreisschwankungen und Investitionsplanung –
aus Sicht der Finanzierer
Ottmar Müller und Andreas Lepel 69

Risikomanagement im landwirtschaftlichen Betrieb:
Die Umsetzung einer eigenen Risikostrategie
Matthias Koch 75

Die Welternährungssituation vor dem Hintergrund hoher Agrarpreise
Jürgen Zeddies 87

Autoren 111

Publikationen des Instituts für Genossenschaftswesens 113

Themenüberblick und Vorwort des Herausgebers

Der professionelle Umgang mit Risiken und Preisschwankungen ist in modernen Agrarbetrieben von herausragender Bedeutung. Das Verständnis der Ursache-Wirkungs-Zusammenhänge und die Beurteilung von Fristen und Trends sind dabei ebenso entscheidend wie die Aufgeschlossenheit gegenüber der Nutzung von Instrumenten des modernen Risikomanagements. Der vorliegende Band 69 der Reihe „Berliner Beiträge zum Genossenschaftswesen" ist ein Beitrag zur aktuellen Diskussion um die Ursachen und Wirkungen von Preisschwankungen aber auch um die besten Anpassungsstrategien an die wachsenden Risiken landwirtschaftlicher Produktion. Er fasst ausgewählte Ergebnisse zweier Jahrestagungen des Instituts für Genossenschaftswesen an der Humboldt-Universität zu Berlin zusammen. Gemeinsam mit dem Genossenschaftsverband e.V. veranstalteten wir am 18. November 2008 in Liebenwalde die Tagung *„Brennpunkt Agrarpreise – Ursachen, Trends und Auswirkungen für die Praxis"*. Am 24. September 2009 fand ebenfalls in Liebenwalde die Tagung *„Risikomanagement – Instrumente und praktische Umsetzung für Agrarbetriebe und den Landhandel"* statt. Die Zielgruppen für beide Tagungen waren speziell die Agrargenossenschaften und Agrarbetriebe in den neuen Bundesländern, ihre Finanzierer und der Landhandel. Darüber hinaus waren Wissenschaftler und Politiker sowie die Fachpresse durch die gewählten Themen angesprochen, ihre Meinungen und Erfahrungen auszutauschen. Die Themenfelder (Preisschwankungen und Risikomanagement) der aufeinanderfolgenden Tagungen waren bewusst eng miteinander verknüpft worden und entsprachen dem Ziel, aktuelle wissenschaftliche Forschungsergebnisse und Praxiserfahrungen weiter zu geben und praxisnah zu diskutieren.

Unter Mitwirkung von über 190 Teilnehmerinnen und Teilnehmern wurden die Ursachen und Wirkungen von Agrarpreisschwankungen analysiert und anhand von Fallbeispielen konkreter Unternehmen in ihren Konsequenzen veranschaulicht. Darüber hinaus wurden von renommierten Forscherinnen und Forschern Ergebnisse von aktuellen wissenschaftlichen Studien vorgetragen und erläutert sowie Instrumente und Chancen, die das moderne Risikomanagement heute schon bietet, dargestellt.

Der Inhalt des vorliegenden Bandes spiegelt in sieben Fachbeiträgen aber nicht nur die Tagungsergebnisse wider. Die Autoren erläutern darüber hinaus viel ausführlicher als dies in Vorträgen möglich war die Hintergründe ihrer Argumentation und geben wichtige methodische und auch praktische Hinweise.

Der erste Beitrag von Oliver Mußhoff und Norbert Hirschauer klärt zunächst den Begriff Risiko in der Landwirtschaft und gibt dann einen systematischen Überblick über Risikoarten und Instrumente des Risikomanagements. Hierbei steht der Umgang mit Preisrisiken im Vordergrund. Beispielsweise werden die Unterschiede zwischen Futures an der Warenterminbörse und Forward-Kontrakten mit Liefer- und Abnahmeverpflichtungen erläutert. Darüber hinaus werden auch Unterschiede zwischen außerbetrieblichen Instrumenten, z.B. zwischen schadensbezogenen Versicherungen einerseits und indexbezogenen Versicherungen andererseits, erläutert. Schließlich stellen die Autoren die Ergebnisse einer Befragung unter 249 Betrieben vor, in der der Status Quo der Anwendung der behandelten Instrumente abgefragt wurde.

Ein Beitrag von Franziska Appel, Alfons Balmann und Konrad Kellermann zum Thema *„Temporär hohe Agrarpreise: Struktur- und Einkommenseffekte in der Landwirtschaft"* geht der Frage nach, wie sich zeitweilig hohe Preise auf Marktfruchtbetriebe auswirken. In einer Modellrechnung werden unter anderem die Entwicklung der Gewinne und Einkommen in den Untersuchungsregionen Sächsisches Lössgebiet und Hohenlohe unter der Annahme vergleichsweise hoher Agrarpreise untersucht. Wirkt die Cochrane'sche Tretmühle, d.h. ergeben sich nur kurzfristige finanzielle Vorteile, die dann weitergereicht werden müssen? Geht ein zunehmender Anteil der Vorteile an die Bodeneigentümer? Wird der Strukturwandel in den Regionen gebremst oder werden sogar Betriebe mit Entwicklungspotenzial im Wachstum behindert? Die Autoren können zeigen, dass die hohen Preise in erster Linie für größere, ohnehin erfolgreiche Marktfruchtunternehmen erhebliche finanzielle Vorteile bieten. Allerdings wird ein zunehmender Anteil dieser Vorteile durch die dann steigenden Pachtpreise an die Bodeneigentümer weitergereicht. Im Modellexperiment wird der Strukturwandel durch die hohen Preise leicht gebremst, d.h. auf Grund der zeitweilig hohen Preise könnten ineffiziente Betriebe ihre Austrittsentscheidung verzögern. Durch die spürbar steigenden Einkommen nimmt der politische Druck Direktzahlungen abzubauen tendenziell zu.

Die Förderung von Bioenergie wurde in der Vergangenheit häufig über die Erwartung steigender Ölpreise gerechtfertigt. Philipp Grundmann, Hilde Klauss und Mathias Schindler untersuchen die *„Auswirkungen des Öl- und Nahrungsmittelpreisanstiegs sowie der Bioenergieförderung auf den Energiepflanzenanbau in Deutschland"*. Änderungen im Anbauprogramm und in der Landnutzung werden mit einem Linearen Optimierungsmodell für die Region Havelland im Land Brandenburg sowie die Regionen Emsland, Soltau-Fallingbostel und Braunschweig-Hildesheim im Land Niedersachsen näher untersucht. Da mit steigenden Ölpreisen regelmäßig die Preise für Nahrungsmittel steigen ist eine

Themenüberblick und Vorwort des Herausgebers 7

nähere Untersuchung der wirkenden Anreize notwendig. Steigende Ölpreise führen in den betrachteten Szenarien zu höheren Preisen für Nahrungsmittel und Energiepflanzen, wobei die Preise für Nahrungsmittel tatsächlich sogar stärker ansteigen als die Preise für Energiepflanzen. Die Energiepflanzenproduktion ist in den Szenarien also selbst bei steigenden Ölpreisen tendenziell weniger lukrativ und hängt allein vom Fördervolumen ab. Insgesamt erhöht sich in den Szenarien bei steigenden Ölpreisen das Risiko von Versorgungsengpässen für Bioenergieanlagen in Regionen mit hohen ackerbaulichen Ertragspotenzialen.

Andreas Dubois analysiert anhand einer Fallstudie des eigenen Betriebs, der Unternehmensgruppe der Agrargenossenschaft Trebbin eG, inwieweit sich der Energiepflanzenanbau im Vergleich zu Marktfrüchten lohnt. Er stellt hierzu hypothetisch die Ergebnisse der Veredelung von Inputstoffen über Energieproduktion den möglichen Ergebnissen aus reinem Marktfruchtverkauf seit dem Jahr 2005 gegenüber und fragt „Was hätten wir seit 2005 anders gemacht, wenn reine Marktfrüchte zu verkaufen wären?" Er kommt dabei zum Fazit, dass die Verwertung über die Biogasanlage geeignet ist, die Variabilität der Absatzwege zu erhöhen, um z.B. Witterungs- und Preisschwankungen auszugleichen. Bei grundsätzlich steigenden Preisen für Inputstoffe (wie es z.B. auch in den Referenzjahren 2007/2008 der Fall war) ist ein zusätzlicher Absatz der Wärme für Energiewirte lebensnotwendig.

Ottmar Müller und Andreas Lepel stellen in ihrem Beitrag die Sicht der Banken und Finanzdienstleister auf zunehmende Agrarpreisschwankungen dar. Diese schlagen sich als höhere Risiken bei den Finanzierern nieder und müssen in ihren Wirkungen analysiert werden. Die Autoren erwarten zunehmenden Bedarf hinsichtlich Eigenkapital bei den Betrieben, auch wegen der tendenziell steigenden Politikunsicherheiten. Gleichzeitig weisen sie darauf hin, dass flexiblere und transparentere Formen der Geschäftsbeziehungen in Zukunft nötig sein werden. Hierdurch lassen sich präzisere Voraussagen über die Unternehmensentwicklung in der Zukunft machen und Tiefpreisphasen unter Umständen besser gemeinsam überbrücken.

Matthias Koch stellt in seinem Beitrag die Sicht der Warenzentralen auf die Entwicklung einer betrieblichen Risikostrategie dar. Er erläutert hierfür zunächst die Mechanik und einzelnen Phasen der Preisentstehung an den internationalen Warenmärkten und zeigt anhand von Raps und Weizen, in welchem Umfang die Preisvolatilitäten tatsächlich zugenommen haben. Die Wirkungen solcher Schwankungen auf das Betriebsergebnis werden analysiert. Hieraus ergeben sich Handlungsempfehlungen und konkrete Schritte für die Entwicklung einer individuellen Risikostrategie.

Am Schluss des Bandes stellt Jürgen Zeddis in einer umfassenden Studie die Welternährungssituation vor dem Hintergrund hoher Agrarpreise dar. Seine Hypothesen lauten: Rohstoffe für Bioenergieproduktion verknappen das Nahrungsmittelangebot, die Nachfrage nach Nahrungsmitteln wächst stärker als das Angebot, die globalen Notwendigkeiten zum politischen Handeln werden nicht ernsthaft wahrgenommen und die Weltgemeinschaft steuert in eine krisenhafte Zuspitzung der Probleme: Hunger, Armut und Bedrohung des Friedens. Prof. Zeddies berechnet im Vergleich zum „Business as Usual" unterschiedliche Handlungsszenarien, die gängige Paradigmen der Agrarpolitik widerspiegeln. Er kommt zu sehr aufschlussreichen Ergebnissen und unter anderem zum Schluss dass, die zukünftige globale Nahrungsmittelversorgung spätestens ab 2020 ins Defizit gerät, wenn es nicht gelingt, die Angebots- und gegebenenfalls auch die Nachfragetrends zu verändern. Das technisch nutzbare Potenzial der deutschen Landwirtschaft hält er für groß, weil der Pro-Kopf-Verbrauch und die Bevölkerungszunahme weitgehend stagnieren und ein noch beträchtliches Potenzial in der Nutzung von Stilllegungsflächen und in der Steigerung der Erträge sowie in der Nutzung von Reststoffen (z.B. Stroh) bestehen. Insgesamt folgt aus den Entwicklungen und Erwartungen, dass die Weltgemeinschaft dringend gefordert ist, sich den Herausforderungen der Ernährungssicherung zu stellen.

Der vorliegende Band ist ein Beitrag zur aktuellen Diskussion über die Ursachen und Wirkungen von Preisschwankungen, aber auch über Anpassungsstrategien an die wachsenden Risiken landwirtschaftlicher Produktion. Die Bedeutung wissenschaftlicher Studien für die Praxis wird an ausgewählten Beiträgen deutlich gemacht. Zunächst erfolgt ein Überblick über Risikomanagement, verschiedene Instrumente und deren Anwendung in der Praxis. Ursachen und Wirkungen von Preisschwankungen werden an unterschiedlichen Modellen gezeigt und die Vor- und Nachteile landwirtschaftlicher Energieerzeugung gegenübergestellt. Mit einer Analyse der Welternährungssituation vor dem Hintergrund hoher Agrarpreise endet der Band.

Das Buch ist in dieser Kombination sicher einzigartig und für Wissenschaftler und Praktiker, aber auch für Berater und Entscheidungsträger gleichermaßen von besonderem Interesse.

Markus Hanisch

Status quo und Möglichkeiten des Risikomanagements in landwirtschaftlichen Unternehmen

Oliver Mußhoff und Norbert Hirschauer

1. Einleitung

Wenn das Wort „Risiko" im Zusammenhang mit wirtschaftlicher Tätigkeit verwendet wird, ergeben sich bei unterschiedlichen gesellschaftlichen Gruppierungen häufig ganz unterschiedliche Assoziationen. Die Nicht-Unternehmer denken in erster Linie an die Gefahren, die für die Gesellschaft bspw. aus dem Einsatz der Gentechnik, der Nutzung fossiler Brennstoffe oder der Verwendung von Pflanzenschutzmitteln entstehen (**gesellschaftliche Risikoperspektive**). Mit diesem Risikoverständnis ist implizit die Frage verknüpft, durch welche staatlichen Maßnahmen die Wahrscheinlichkeit und Höhe von Schäden auf ein gesellschaftlich akzeptables Niveau verringert werden können. Risikomanagement wird dementsprechend als Aufgabe verstanden, das Verhalten der wirtschaftlichen Akteure - sei es durch Überzeugung und Aufklärung oder eine zielgerichtete Ausgestaltung der Rahmenbedingungen - so zu steuern, dass Gefahren für die Gesellschaft und zukünftige Generationen abgewendet werden. Ein Beispiel sind staatliche Vorgaben und Kontrollen von Höchstwerten für bestimmte Inhaltsstoffe in Lebensmitteln.

Eine gänzlich andere Erstbedeutung hat das Wort „Risiko" dagegen für Unternehmer (**unternehmerische Risikoperspektive**). Für sie stellen Veränderungen der institutionell-rechtlichen Rahmenbedingungen ebenso wie die Entwicklungen auf den Märkten und die natürlichen Produktionsbedingungen Quellen des Risikos dar, die den Erfolg der wirtschaftlichen Tätigkeit unsicher machen. Hier bezeichnet das Risiko also kurz gesagt die Tatsache, dass man nicht weiß, wie viel Geld man in der Zukunft verdienen oder verlieren wird. Risikomanagement wird dementsprechend als Querschnittsaufgabe der Unternehmensführung gesehen, die die Reduzierung der Variabilität des wirtschaftlichen Erfolgs zum Ziel hat und dabei alle unternehmerischen Entscheidungsbereiche einbeziehen muss.

Obwohl diese beiden Perspektiven auf den ersten Blick kaum unterschiedlicher sein könnten, haben sie doch etwas gemeinsam: In beiden Fällen bezeichnet Risiko die Wahrscheinlichkeitsverteilung einer zielrelevanten Größe: Bei der gesellschaftlichen Perspektive geht es um die Wahrscheinlichkeit, dass es durch das einzelwirtschaftliche Handeln zu externen Kosten und zukünftigen Schadwirkungen kommt, die von der Gesellschaft getragen werden müssen. Aus der Perspektive eines Unternehmers geht es dagegen um die Wahrscheinlichkeitsverteilung des unternehmerischen Erfolgs, der sich bei den geltenden Rahmenbedingungen sowie den Input- und Outputpreisen ergibt.

Wir fokussieren im Folgenden - trotz der offensichtlichen Relevanz der gesellschaftlichen Risikoperspektive - auf die unternehmerische Perspektive. Die Zielsetzung besteht darin, die für landwirtschaftliche Unternehmen relevanten Risikoquellen sowie die verfügbaren Risikomanagementinstrumente zu systematisieren und zu beschreiben. Außerdem wird dargelegt, welche Risikomanagementinstrumente in der Landwirtschaft eingesetzt werden und wie man bei der Festlegung der Risikomanagementstrategie vorgehen sollte.

2. Systematisierung und Beschreibung der Risikoursachen

Das Risiko, dem Unternehmen ausgesetzt sind, ergibt sich aus einer Vielzahl von Geschäftsrisiken und dem Finanzrisiko (siehe Abbildung 1). Geschäftsrisiko bzw. **operatives Risiko** bedeutet, dass der wirtschaftliche Erfolg des Unternehmers aufgrund nicht vorhersehbarer Preis- und Mengenänderungen sowie aufgrund des unsicheren Verhaltens verschiedener Beteiligter Schwankungen unterworfen ist und schlimmstenfalls negativ werden kann. Ein hoher Anteil nicht unternehmenseigener dauerhafter Produktionsfaktoren (z.B. viel Fremdkapital und/oder viel Pachtland) verstärkt die Risiken aus dem operativen Geschäft, weil man unabhängig von der Ertragslage Zahlungsverpflichtungen nachkommen muss. Dies bezeichnet man auch als **Finanzrisiko**. Bei der Beurteilung des Finanzrisikos spielt es eine wichtige Rolle, ob Produktionsfaktoren eine zahlungswirksame Entlohnung erfordern (pagatorische Kosten) oder ob es sich um eigene Faktoren handelt, für die zunächst nur eine zahlungsunwirksame Entlohnung angesetzt wird (kalkulatorische Kosten). Ein weiterer Aspekt beim Finanzrisiko ist, dass aufgrund schwankender Preise für dauerhafte Produktionsmittel, wie z.B. Boden, Gebäude oder Maschinen, ein Vermögensrisiko besteht, das die Kreditwürdigkeit beeinflusst.

Status quo und Möglichkeiten des Risikomanagements 11

Abbildung 1: Risikoarten und risikoreduzierende Maßnahmen

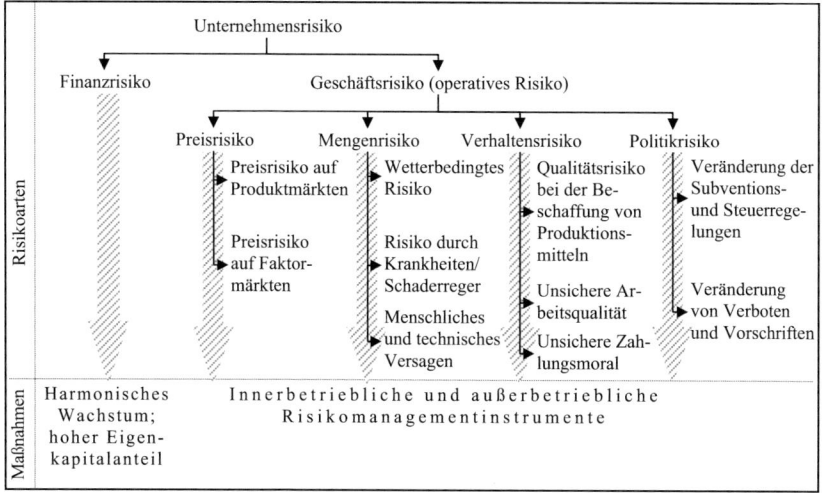

Preisrisiken ergeben sich durch das Marktgeschehen, d.h. durch Nachfrage- und Angebotsschwankungen auf den Produkt- und Faktormärkten, die für das Unternehmen relevant sind. Aufgrund der Globalisierung und Liberalisierung der Märkte sind zunehmend auch internationale Schwankungen der Nachfrage und des Angebots relevant. Außerdem ist zu beachten, dass auch das Risiko der Änderung von Zinssätzen als Preis für den Input „Kapital" zu den Preisrisiken zu zählen ist.

Mengenrisiken ergeben sich vor allem infolge unsicherer Umweltbedingungen. Auch sie entstehen sowohl auf der Input- als auch auf der Outputseite. Ursachen sind in der Landwirtschaft insbesondere Wetterschwankungen sowie Risiken durch Krankheiten und Schaderreger. Zudem kann das Risiko, dass Mitarbeiter krank werden und ausfallen, als Mengenrisiko verstanden werden. Zu den Mengenrisiken lassen sich aber auch menschliches Versagen und technische Risiken (z.B. Unfälle, Maschinenausfälle) zählen, die bei den komplexen Mensch-Technologie-Umweltsystemen der landwirtschaftlichen Produktion nie ganz auszuschließen sind.

Eine weitere Risikoursache stellt das Verhalten von eigennützig handelnden oder inkompetenten Geschäftspartnern dar. In diesem Zusammenhang spricht man auch von **Verhaltensrisiko** oder Moral Hazard. Auf der Beschaffungsseite zählt hierzu die Qualitätsunsicherheit zugekaufter Produktionsfaktoren, die bestimmte vom Käufer nicht ohne Weiteres zu überprüfende Vertrauenseigenschaften aufweisen. So besteht immer eine gewisse Gefahr, dass Lieferanten oder Dienstleister Inputs bereitstellen, die nicht den vereinbarten Standards entsprechen. Denken Sie in diesem Zusammenhang bspw. an verunreinigte Futtermittel, eine nicht termingetreue Lieferung von Saatgut, eine verzögerte Fertigstellung von Bauten oder eine ungenügende Maschinenreparatur. Ein weiteres verhaltensbedingtes Risiko ist die Arbeitsqualität von Arbeitskräften, die in vielen Betriebszweigen einen außerordentlich kritischen Erfolgsfaktor darstellt. Schließlich besteht auf der Absatzseite noch das Risiko, dass Abnehmer ihren vertraglichen Verpflichtungen nicht nachkommen. Dies bezieht sich zum einen auf eine schlechte Zahlungsmoral und zum anderen auf eine Nichteinhaltung terminlicher Abnahmevereinbarungen.

Politikänderungen oder - allgemeiner formuliert - die Veränderungen institutioneller Gegebenheiten stellen eine weitere Risikoursache dar. Das **Politikänderungsrisiko** kann sich auf jeden der oben genannten Risikobereiche beziehen. Politisch bedingte Preisrisiken bestehen bspw. durch die Änderung oder Abschaffung von Preisgarantien oder durch die Veränderung faktorbezogener Subventionsregelungen, wie z.b. der Gasölbeihilfe. Als Preisrisiken lassen sich auch die Änderungen von Steuergesetzen interpretieren. Politisch bedingte Mengenrisiken auf der Input- und Outputseite können durch verfahrensbezogene Vorschriften entstehen. Als Beispiel sei eine Änderung der Wasserentnahmemöglichkeiten oder das Verbot der Käfighaltung von Legehennen genannt. Auch Verhaltensrisiken können sich in Abhängigkeit von den politisch-rechtlichen Vorgaben ändern. Man denke in diesem Zusammenhang nur an die Bedeutung eines zuverlässigen Rechtssystems für die Einhaltung von Verträgen.

3. Grundsätzlicher Ablauf des Risikomanagements

In den letzten Jahren ist insbesondere in der Landwirtschaft durch die zunehmende Marktliberalisierung das Preisrisiko gewachsen. Infolge des globalen Klimawandels ist zudem davon auszugehen, dass Schwankungen im Temperaturverlauf und der Niederschlagsmenge zukünftig weiter zunehmen und das Mengenrisiko verstärken; man denke nur an die zunehmende Vorsommertrockenheit in einigen Gebieten Deutschlands. Zusätzlich zu der Erhöhung von Preis- und Mengenrisiken steigt in vielen Betrieben die Risikosensitivität aufgrund des zunehmenden Einsatzes von Fremdkapital und Pachtland. Insgesamt entsteht durch das gestiegene Risiko auch ein zunehmender Bedarf an Risikomanagement.

Risikomanagement heißt nicht von vornherein Risikominimierung. Vielmehr geht es für einen Unternehmer darum, sich zielorientiert damit zu beschäftigen, welche Risiken man eingehen soll und welche nicht. Risikomanagement lässt sich in vier Hauptaufgaben unterteilen (vgl. Abbildung 2): (1) Risikoidentifikation, (2) Risikobewertung, (3) Bewertung von Risikomanagementmaßnahmen und (4) Entscheidung sowie Umsetzung von Risikomanagementmaßnahmen (vgl. z.B. Hardaker et al. 2004).

Abbildung 2: Ablauf des Risikomanagements

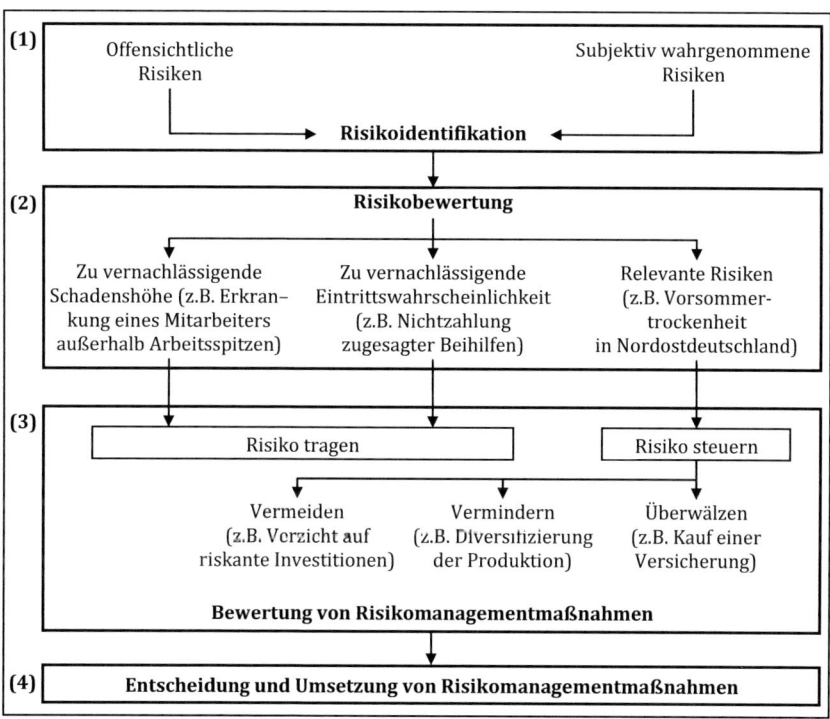

Bei der Risikoidentifikation und der Risikobewertung ist es wichtig, dass ein Unternehmer alle für den Betrieb relevanten Risikofaktoren in ihrer Gesamtwirkung analysiert und bewertet. Je nach Situation können die verschiedenen Risikofaktoren nämlich unterschiedliche Wirkungen haben. So wirkt dasselbe Wetterrisiko auf einen Betrieb, der sich ausschließlich auf die Umsetzung weniger pflanzlicher Produktionsverfahren spezialisiert hat, anders als auf einen breit diversifizierten Betrieb, der pflanzliche und tierische Produktionsverfahren umsetzt und außerdem noch Bioenergie erzeugt. Demzufolge haben auch dieselben Risikomanagementmaßnahmen in unterschiedlichen Betrieben unterschiedliche Wirkungen.

Es gibt verschiedene Möglichkeiten, auf Risiken zu reagieren. In manchen Situationen wird man das Risiko tragen. In anderen Fällen wird man versuchen, das Risiko zu steuern. Dies kann erstens dadurch erfolgen, dass man Risiken vermeidet und z.B. rentable, aber riskante Investitionen unterlässt. Zweitens kann man das Risiko durch innerbetriebliche Anpassungsmaßnahmen, wie z.B. die Diversifizierung des Produktionsprogramms, vermindern. Drittens kann man das Risiko auch außerbetrieblich, d.h. über den Markt, reduzieren, indem man es z.b. durch den Abschluss einer Versicherung auf einen Vertragspartner überwälzt.

Jede zur Risikoreduzierung ergriffene Maßnahme kostet Geld. Allerdings kosten verschiedene Risikomanagementinstrumente unterschiedlich viel Geld (**Kosten des Risikomanagements**). Gleichzeitig unterscheiden sie sich hinsichtlich ihrer risikoreduzierenden Wirkung und dem Wert dieser Risikoreduzierung für den Unternehmer (**Leistung des Risikomanagements**).

4. Systematisierung und Beschreibung betrieblicher Risikomanagementinstrumente

Bei den grundsätzlichen Möglichkeiten, die für den Umgang mit Risiko zur Verfügung stehen, wird vielfach zwischen ex ante und ex post Ansätzen unterschieden. **Ex post Maßnahmen** sind Reaktionen auf bereits eingetretene Schadensereignisse. Sie umfassen (1) die Anpassung der Lebensstandards (reduzierter Konsum), (2) die Aufnahme von Notkrediten oder (3) Notverkäufe von Vermögensgegenständen (Tiere, Maschinen, Boden etc.).

Neben den ex post Ansätzen, die i.d.R. teuer sind und eigentlich zu spät kommen, da „das Kind bereits in den Brunnen gefallen ist", gibt es verschiedene **ex ante Strategien**, um das Finanz- und das Geschäftsrisiko zu reduzieren. Unter dem Begriff „Risikomanagement" subsumiert man i.d.R. nur die ex ante Strategien. Das Finanzrisiko kann bspw. durch eine Erhöhung des Eigenkapitalanteils reduziert werden. Insbesondere für Wachstumsbetriebe ist aber der Spielraum zur Steuerung des Anteils eigener und fremder Produktionsfaktoren gering, da es meist keine Alternativen zur Kreditaufnahme, zur Flächenpacht und zum Einsatz von Lohnarbeitskräften gibt. Nur die Wachstumsgeschwindigkeit kann beeinflusst werden. Das Finanzrisiko ist also vielfach vorgegeben. Deshalb kommt dem inner- und außerbetrieblichen Management des Geschäftsrisikos, das aufgrund von Preis-, Mengen- und Verhaltensrisiken entsteht, besondere Bedeutung zu.

Maßnahmen zur Reduzierung von Verhaltensrisiken sind eine außerordentlich wichtige Managementaufgabe, die sich sowohl auf die Beziehungen mit Geschäftspartnern (externes Verhaltensmanagement) als auch auf das Personal-

Status quo und Möglichkeiten des Risikomanagements 15

management bezieht. Das Management von Beziehungen und menschlichem Verhalten außerhalb und innerhalb des Unternehmens stellt einen getrennten Aufgabenbereich dar, der eigenständige und häufig qualitative Analysen und Herangehensweisen erfordert. Trotz der Bedeutung vertrauensvoller Geschäftsbeziehungen sowie des subjektiven Glücksempfindens und der Motivation von Mitarbeitern als unternehmerische Risiko- und Erfolgsfaktoren wird dieser Bereich im Folgenden nicht weiter thematisiert.

4.1 Innerbetriebliche Risikomanagementinstrumente

Viele Maßnahmen zur Reduzierung von Preis- und Mengenrisiken können innerhalb der eigenen Betriebsorganisation umgesetzt werden. Diese Maßnahmen fasst man unter der Bezeichnung **„innerbetriebliche Risikomanagementinstrumente"** zusammen (Tabelle 1). Das innerbetriebliche Risikomanagement umfasst unterschiedliche Maßnahmen, wie z.B. die technische Ausgestaltung von Produktionsverfahren, die Verfahrenswahl, die Diversifizierung der Einkommensquellen, das Vorhalten von Überkapazitäten, den intertemporalen Risikoausgleich und den Einsatz von Technologien zur Umweltsteuerung.

Tabelle 1:   Innerbetriebliche Risikomanagementinstrumente

Maßnahme	Beschreibung	Beispiel
Verfahrensausgestaltung	Robuste technologische Ausgestaltung der Produktion	Vorsichtige Wahl der Aussaatzeitpunkte; prophylaktischer Pflanzenschutz; Tierseuchenprophylaxe
Verfahrenswahl	Nutzung wenig riskanter Fruchtarten/Sorten und Tierarten/Rassen	Anbau von trockenheitsunempfindlicherem Winterroggen anstelle von Winterweizen
Diversifizierung	Breite Mischung verschiedener Produktionsaktivitäten	Wahl eines breit gefächerten Produktionsprogramms; Einkommensdiversifizierung
Überkapazitäten	Vorhalten zusätzlicher dauerhafter Produktionsmittel	Anschaffung eines weiteren Mähdreschers zur Sicherung der Ernte in Schlechtwetterjahren
Zeitlicher Risikoausgleich	Bildung von Reserven	Schaffung von Lagermöglichkeiten für Getreidevorräte; Vorhalten eines Liquiditätspolsters
Umweltsteuerung	Einsatz von Technologien zur Steuerung der Produktionsumwelt	Anschaffung von Bewässerungsanlagen; Folienabdeckungen

4.2 Außerbetriebliche Risikomanagementinstrumente zur Absicherung von Preisrisiken

Neben den innerbetrieblichen Maßnahmen gibt es sowohl für Preis- als auch für Mengenrisiken **außerbetriebliche Risikomanagementinstrumente**. Hierbei ist der Landwirt auf einen Vertragspartner angewiesen. In Abbildung 3 sind die grundsätzlichen außerbetrieblichen Maßnahmen zur Risikoreduzierung systematisiert.

Abbildung 3: Systematisierung außerbetrieblicher Risikomanagementinstrumente

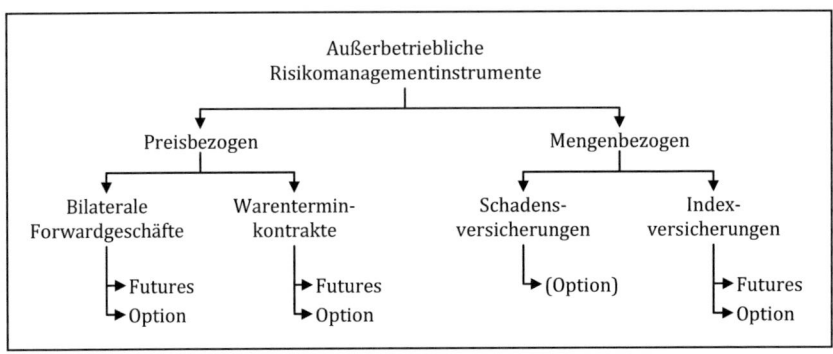

Bei den Instrumenten zur Absicherung von Preisrisiken unterscheidet man zwischen Vorverträgen mit einem konkreten Handelspartner (bilaterale Forwardgeschäfte) einerseits und Warenterminkontrakten andererseits. Daneben gibt es auch noch sog. Prämienkontrakte, die die Kursentwicklung an der Warenterminbörse mit einem bilateralen Liefervertrag verbinden. Bei den Instrumenten zur Absicherung von Mengenrisiken kann man zwischen individuell-schadensbezogenen Versicherungen und Indexversicherungen differenzieren. Schadensversicherungen haben immer Optionscharakter. Die übrigen Instrumente können futures- oder optionsartig ausgestaltet sein. Die Unsicherheitsgröße, auf die sich das jeweilige Risikomanagementinstrument bezieht, wird als Underlying bezeichnet.

Bilaterale Verträge zur Preisabsicherung werden auch als Vorverträge, Lieferverträge oder **Forwards** bezeichnet. Bei einem Forward handelt es sich um einen Vertrag, in dem zwei Handelspartner (z.B. ein Landwirt und ein Landhändler) in direkter Verhandlung einige Zeit vor der eigentlichen Lieferung des Underlying (z.B. Raps) einen Preis vereinbaren, zu dem die Ware in der Zukunft gehandelt wird. Dabei kann man zwei grundsätzliche Ausgestaltungsformen un-

Status quo und Möglichkeiten des Risikomanagements 17

terscheiden: Erstens gibt es **futuresartige Forwards** (unbedingte Termingeschäfte), die einen Vertrag mit Liefer- und Abnahmeverpflichtung darstellen. Zweitens gibt es **optionsartige Forwards** (bedingte Termingeschäfte), die entweder dem Verkäufer ein Wahlrecht bzgl. der Lieferung oder dem Käufer ein Wahlrecht (eine Option) bzgl. der Abnahme des Underlying einräumen. Aufgrund des einseitigen Wahlrechtes des Optionsinhabers entsteht eine **asymmetrische Zahlungsstruktur**, bei der der Optionsgeber zunächst „das Nachsehen" hat: Sind die Marktpreise zum Liefertermin hoch, wird bspw. der Inhaber eines Lieferwahlrechts am Markt verkaufen. Bei niedrigen Marktpreisen wird er dagegen den Optionsgeber beliefern, der dann den vertraglich vereinbarten (höheren) Preis bezahlen muss. Der Inhaber der Lieferoption hat also einen vollständig abgesicherten minimalen Outputpreis, kann aber jederzeit höhere Marktpreise „mitnehmen". Deswegen wird ein Handelspartner einem anderen Handelspartner eine Option nur gegen Zahlung eines gewissen Betrags einräumen. Bei einem Lieferwahlrecht (Abnahmewahlrecht) entspricht der geforderte Optionspreis mindestens dem geldwerten Nachteil, der dem Optionsgeber durch die erwarteten Mehrausgaben (Mindereinnahmen) entsteht. Um den „fairen" Optionspreis, d.h. den Erwartungswert des Nachteils des Optionsgebers, zu berechnen, braucht man Verteilungsinformationen für die zukünftigen Preise.

Im Unterschied zu Forward-Kontrakten werden **Warenterminkontrakte** nicht bilateral zwischen zwei konkreten Vertragspartnern geschlossen. Vielmehr werden die vertraglichen Verpflichtungen zur Lieferung und Abnahme an der Warenterminbörse eingegangen. So wie bei den bilateralen Geschäften gibt es auch bei Warenterminkontrakten zwei grundsätzlich unterschiedliche Formen: **Futures** und **Optionen**. Warenterminkontrakte sind für Produkte, wie z.B. Weizen, Kartoffeln, Raps und Schweine, mit definierten Qualitäten an der Börse über standardisierte Verträge handelbar. Damit gibt es hier im Unterschied zu den Forwards nicht die Möglichkeit, individuelle Bedürfnisse der Handelspartner zu berücksichtigen.

Schauen wir uns nun die Futures an der Warenterminbörse etwas näher an. Der große Unterschied zwischen Futures an der Warenterminbörse und Forward-Kontrakten mit Liefer- und Abnahmeverpflichtungen besteht in der Zahlungsstromstruktur. Forwards verursachen nur eine Zahlung im Zeitpunkt ihrer Fälligkeit. Bei einem Futures ist schon bei Kontraktabschluss von beiden Vertragsparteien ein bestimmter Teil des Kontraktwertes zu entrichten. Diese sog. Sicherheitsleistung („Initial-Margin") in Höhe eines bestimmten Bruchteils (oftmals 5 bis 20% des Kontraktwertes) wird von den Vertragsparteien auf Konten einbezahlt, die eigens für ihre Warentermingeschäfte eingerichtet wurden. Je nachdem, wie sich der Futurespreis im Zeitablauf entwickelt, erhält die Partei, zu deren Gunsten die Entwicklung erfolgt, von der Gegenpartei einen entsprechenden Betrag gutgeschrieben. Die Abrechnung erfolgt börsentäglich. Unterschreitet der Kontostand einer Partei einen bestimmten Mindestwert, so müssen zusätzliche Einzahlungen auf das Konto geleistet werden. Man spricht in diesem Zusammenhang auch von einer Nachschusspflicht. Es wird so sichergestellt, dass jeder Vertragspartner seinen Zahlungsverpflichtungen nachkommen kann.

Ein Futures ist - vereinfacht gesagt - ein Kontrakt, der die zukünftigen Tauschbedingungen spezifiziert. Wenn man „**long geht**" beinhaltet dies die Verpflichtung, eine bestimmte Menge des Underlying zu einem bestimmten zukünftigen Zeitpunkt zum festgelegten Preis zu kaufen (Kauf auf Termin). Wenn man „**short geht**", verpflichtet man sich, das Underlying zu einem zukünftigen Zeitpunkt zum vereinbarten Preis zu verkaufen (Verkauf auf Termin). Beim Eingehen einer Short-Position sagt man auch, dass ein „Leerverkauf" vorgenommen wird.

Bei der Abwicklung des Geschäfts zum Fälligkeitszeitpunkt des Futures gibt es zwei Möglichkeiten: (1) Man kauft oder verkauft das Produkt tatsächlich an dem Ort, der im Kontrakt festgelegt ist. (2) Man führt - und dies ist der Regelfall - ein kompensierendes Gegengeschäft an der Warenterminbörse durch. Man spricht in diesem Fall von „**Papierhandel**". Liegt der vertraglich vereinbarte Futurespreis (z.B. 20 €/dt Weizen) *unter* dem bei Fälligkeit beobachteten Terminmarktpreis (z.B. 22 €/dt Weizen), so muss der Inhaber der Short-Position (Verkäufer) einen **Barausgleich** (von 2 €/dt kontraktiertem Weizen) leisten. Wenn dagegen der vertraglich vereinbarte Futurespreis *über* dem zum Fälligkeitszeitpunkt beobachteten Terminmarktpreis liegt, muss der Inhaber der Long-Position (Käufer) einen Barausgleich leisten. Die Zahlung des Barausgleiches bezeichnet man als „**Glattstellen**". Gleichzeitig kann man am sog. Kassamarkt, d.h. im realen Geschäft mit dem Landhändler, Viehhändler etc. das Produkt verkaufen oder kaufen. Der am Kassamarkt gültige Preis wird vielfach auch als Spotmarktpreis bezeichnet.

Wenn der Kassapreis - genauer gesagt der Ortskassapreis -, den der Verkäufer (Käufer) für die physische Ware tatsächlich erhält (zahlen muss), fest mit dem Terminmarktpreis gekoppelt und damit perfekt korreliert wäre, könnten beide durch das Warentermingeschäft ihr Preisrisiko vollständig beseitigen. In der Regel ist der Terminmarktpreis zwar stark mit dem Ortskassapreis der einzelnen Unternehmen korreliert, aber eben nicht perfekt. Der Ortskassapreis ist bspw. stärker durch regionale Effekte, wie z.B. eine lokal verregnete Ernte, beeinflusst als der Futurespreis. Es verbleibt also ein Restrisiko, das man auch als **Basisrisiko** bezeichnet.

Status quo und Möglichkeiten des Risikomanagements 19

4.3 Außerbetriebliche Risikomanagementinstrumente zur Absicherung von Mengenrisiken

Auch für die Reduzierung von Mengenrisiken stehen außerbetriebliche Risikomanagementinstrumente zur Verfügung. Ein Blick auf Abbildung 3 zeigt, dass dabei zwei Typen von Instrumenten zu unterscheiden sind: schadensbezogene Versicherungen einerseits und indexbezogene Versicherungen andererseits. Die schadensbezogenen Versicherungen kann man in Katastrophenversicherungen und Ertragsversicherungen unterteilen. Bei den indexbezogenen Versicherungen unterscheidet man Regionsindexversicherungen und Wetterindexversicherungen. Schadensversicherungen tragen grundsätzlich einen optionsartigen Charakter. Hier zahlt der Versicherungsnehmer zunächst den Preis für die Versicherung. Dafür erhält er mit einer gewissen Wahrscheinlichkeit später etwas, muss aber zu diesem späteren Zeitpunkt nie etwas bezahlen. Indexversicherungen können im Gegensatz dazu grundsätzlich futures- oder optionsartig ausgestaltet sein.

Mit den **Katastrophenversicherungen**, wie z.B. der weit verbreiteten Hagel- und Tierseuchenversicherung, lassen sich ausschließlich Schäden von eindeutig nachweisbaren Extremereignissen versichern. Allerdings bleibt z.B. im Pflanzenbau der unternehmerische Erfolg unsicher, da selbst starke Ertragsdepressionen nicht versichert sind, wenn sie durch eine Kombination ungünstiger Witterungsverhältnisse, aber eben nicht durch ein versichertes Extremereignis wie Hagel entstehen.

Ertragsversicherungen sichern dagegen ein bestimmtes betriebliches Ertragsniveau ab. Der Landwirt erhält eine Versicherungsleistung, wenn der gemessene betriebliche Durchschnittsertrag der versicherten Feldfrucht den vertraglich festgelegten Normertrag unterschreitet. Dieser Normertrag wird z.B. auf der Grundlage der zurückliegenden betrieblichen Erträge und unter Berücksichtigung eines Selbstbehalts festgeschrieben. Im Unterschied zu Katastrophenversicherungen sind Schäden unabhängig von ihrer Ursache versichert. Zur Berechnung der Versicherungsleistung ist zusätzlich ein Normpreis festgelegt, mit dem der versicherte Minderertrag multipliziert wird. Erlösversicherungen sind vergleichbar aufgebaut, beziehen allerdings neben dem Mengen- auch das Preisrisiko ein.

Bei **Regionsindexversicherungen** erfolgt die „Versicherungsleistung" im Unterschied zu den schadensbezogenen Versicherungen nicht bei Nachweis eines Schadens im Betrieb (vgl. z.B. Skees et al. 1997). Vielmehr ist die Zahlung an einen außerbetrieblichen und objektiv leicht zu überprüfenden Regionsindex (z.B. der regionale Durchschnittsertrag oder -erlös im Winterweizen oder die durchschnittliche Tiersterberate in einer Erzeugerregion) gekoppelt. Dabei ist im Vertrag spezifiziert, mit welchen Daten und Verfahren dieser Regionsindex bestimmt wird. Auch wenn sich die betrieblichen Erträge in der Regel „ähnlich" wie die Regionserträge verhalten, verbleibt bei Regionsindexversicherungen ein sog. Basisrisiko beim Landwirt. In Einzeljahren kann es durchaus zu einem betrieblichen Schaden kommen, ohne dass eine Ausgleichszahlung erfolgt. Aber natürlich kann auch das Gegenteil der Fall sein.

Wetterindexversicherungen, die auch als Wetterderivate bezeichnet werden, funktionieren ähnlich wie Regionsindexversicherungen (vgl. z.B. Berg et al. 2005; Turvey 2005). Im Unterschied zu diesen ist der Index aber nicht ergebnisbezogen. Vielmehr erfolgt die „Versicherungsleistung" in Abhängigkeit von einer ertragsbeeinflussenden Wettergröße, die an einer vertraglich festgelegten Wetterstation objektiv gemessen wird. Wetterderivate können als Futures oder Option ausgestaltet sein. Die Bezugsvariable kann eine Temperatur- oder Niederschlagssumme (oder ein zusammengesetzter Index) sein, die über einen bestimmten Zeitraum an einer definierten Referenzwetterstation objektiv gemessen wird. Der Landwirt erhält z.B. dann eine Zahlung, wenn die gemessene Niederschlagsmenge innerhalb eines bestimmten Zeitraums unterhalb des langjährigen Mittels liegt. Im Gegensatz zu Ertragsversicherungen geht es bei Wetterderivaten also nicht um die Versicherung fruchtartenbezogener Flächen. Vielmehr entscheidet der Landwirt je nach Ausgestaltung des Vertrags über die Zahl der Wetterderivate (Kontrakte), die er kauft. Wie bei Regionsindexversicherungen bleibt auch bei Wetterderivaten ein Basisrisiko beim Landwirt. Dafür gibt es zwei Gründe: Zum einen unterscheidet sich das Wetter im landwirtschaftlichen Betrieb mit größerer Entfernung zunehmend vom Wetter an der Messstation (**geografisches Basisrisiko**). Zum anderen ergibt sich der landwirtschaftliche Ertrag von vornherein nicht direkt aus der gemessenen Wettergröße oder dem Wetterindex, da es noch andere wachstumsrelevante Faktoren gibt (**Basisrisiko der Produktion**).

Die Vor- und Nachteile unterschiedlicher marktbasierter Risikomanagementinstrumente ergeben sich aus der jeweiligen Vertragskonstruktion. In Tabelle 2 sind die grundsätzlichen Vor- und Nachteile der verschiedenen außerbetrieblichen Instrumente zum Management von Mengenrisiken zusammengefasst (vgl. auch Hirschauer und Mußhoff 2008).

Tabelle 2: Vorteile (+) und Nachteile (–) verschiedener außerbetrieblicher Instrumente zum Management von Mengenrisiken

Schadensbezogene Versicherungen		Indexbezogene Versicherungen	
Katastrophen-versicherung	Ertrags-versicherung	Regionsindex-versicherung	Wetterindex-versicherung
+ Im Schadensfall erfolgt mit Sicherheit eine Leistung	+ Im Schadensfall erfolgt mit Sicherheit eine Leistung	– Beim Versicherungsnehmer verbleibt ein Restrisiko	– Beim Versicherungsnehmer verbleibt ein Restrisiko
– Nur Absicherung von Extremwetterschäden	+ Auch Absicherung von weniger drastischen Witterungsschäden	+ Auch Absicherung von weniger drastischen Witterungsschäden	+ Auch Absicherung von weniger drastischen Witterungsschäden
+/– Mittlere Verwaltungs- und Regulierungskosten	– Sehr hohe Verwaltungs- und Regulierungskosten	+ Geringe Verwaltungs- und Regulierungskosten	+ (Sehr) Geringe Verwaltungs- und Regulierungskosten
+/– Geringe Moral-Hazard-Kosten	– Sehr hohe Moral-Hazard-Kosten	+/– Geringe Moral-Hazard-Kosten	+ Keine Moral-Hazard-Kosten

Wenn man die Vor- und Nachteile marktbasierter Risikomanagementinstrumente bewerten möchte, sind drei Begriffe zentral, nämlich (1) die faire Prämie, (2) der Aufpreis und (3) die Hedgingeffektivität. Würde eine Versicherung genau zu dem Preis angeboten, der der erwarteten jährlichen Rückzahlung entspricht, dann hätte der Landwirt ein Instrument zur Reduzierung seines Risikos, das einkommensneutral wäre. Diesen Preis bezeichnet man auch als **„versicherungsmathematisch faire Prämie"**. Kosten für das Risikomanagementinstrument entstehen dem Landwirt nur durch den Betrag, den der Versicherer über die faire Prämie hinaus als Versicherungsprämie verlangt. Dieser Betrag, den der Anbieter zur Deckung der Verwaltungs- und Regulierungskosten sowie als Gewinnmarge erhebt, wird als **Aufpreis** bezeichnet. Man darf sich beim Vergleich verschiedener Versicherungen also nicht von der Höhe der nominalen Versicherungsprämie leiten lassen, die der Summe aus fairer Prämie und Aufpreis entspricht. Aus Kostensicht ist allein die Differenz zwischen der jährlich zu zahlenden Versicherungsprämie und der durchschnittlich pro Jahr erwarteten Versicherungsleistung relevant. Unter **Hedgingeffektivität** wird die Fähigkeit eines Risikomanagementinstruments verstanden, die Streuung der relevanten Bezugsgröße (z.B. des Gesamtdeckungsbeitrags) bei konstantem Erwartungswert zu verringern.

Der Vorteil von Ertragsversicherungen aus Sicht des Landwirts ist, dass (abgesehen vom Selbstbehalt) das betriebliche Schadensereignis - verstanden als Unterschreiten des vertraglich definierten Normertrags oder Normerlöses - in jedem Fall abgedeckt ist. Gleichzeitig sind Ertragsversicherungen auf Seiten der

Versicherer aber mit relativ hohen Kosten verbunden. Dies führt zwangsläufig zu hohen Versicherungsprämien, da höhere Kosten grundsätzlich an die Versicherungsnehmer weitergereicht werden. Kostenerhöhend wirken die Begutachtungs- und Regulierungskosten. Zudem ist der Schadensumfang auch bei fachlich fundierter Begutachtung häufig nicht eindeutig festzustellen und es entsteht ein Verhaltensrisiko (**Moral Hazard**): In allen Fällen, in denen der Landwirt mit zusätzlichen Mühen und Kosten ohnehin nur das versicherte Einkommensniveau erzielen würde, entsteht kein Anreiz, den Schaden zu mindern. Als Beispiele sind hier die Neubestellung nach Auswinterungsschäden oder die gute fachliche Führung von Beständen und Bemühungen zur Erzielung hoher Absatzpreise zu nennen. Zudem ziehen betriebliche Ertragsversicherungen „schlechte Versicherungsrisiken" an. Man spricht in diesem Zusammenhang auch von **adverser Selektion**. Für Landwirte mit hohen Produktionsrisiken, bei denen es zu starken Schwankungen der Erträge und Erlöse kommt, sind solche Versicherungen besonders attraktiv. Schließlich können sie relativ hohe Versicherungsleistungen erwarten. Diese müssen dann bei undifferenzierter Preisgestaltung über erhöhte Prämien von den Landwirten getragen werden, die über die Jahre ein relativ stabiles Einkommen haben.

Gerade umgekehrt ist es bei Indexversicherungen. Der Vorteil von Instrumenten, die sich auf einen außerbetrieblichen Index beziehen (also sowohl von Regionsindexversicherungen als auch von Wetterderivaten), liegt darin, dass keine Gefahr der Manipulation des Schadensereignisses durch den Versicherungsnehmer besteht. Eine denkbare Ausnahme ergibt sich allenfalls durch die Gefahr von Absprachen bei kleinräumigen Regionsversicherungen. Zudem sind insbesondere bei Wetterderivaten sehr geringe Verwaltungskosten zu erwarten: Der Index ist kostengünstig zu bestimmen und sowohl der Kauf der Kontrakte als auch die Auszahlung der Versicherungsleistung ist ähnlich wie beim Online-Banking fast vollständig automatisierbar. Bei indexbezogenen Instrumenten kann deshalb - ein funktionierender Wettbewerb vorausgesetzt - der Aufpreis gering ausfallen. Der Nachteil indexbezogener Instrumente ist allerdings, dass beim Landwirt ein Basisrisiko verbleibt und deshalb die Hedgingeffektivität vergleichsweise niedrig ist. Hinzu kommt, dass die Verfügbarkeit indexbezogener Instrumente am Markt je nach Branche und Land stark unterschiedlich ausgeprägt ist.

5. Status quo des Risikomanagements in der Praxis

Wir haben im Jahr 2007 249 Landwirte in den Bundesländern Brandenburg und Mecklenburg-Vorpommern hinsichtlich ihres Risikomanagements schriftlich befragt (vgl. Weber et al. 2008). Neben allgemeinen Angaben zum Betrieb, der

Status quo und Möglichkeiten des Risikomanagements

Risikobetroffenheit und der Zahlungsbereitschaft für schadens- und indexbezogene Versicherungen haben wir die Landwirte zum Status quo ihres Risikomanagements befragt. Abbildung 4 fasst die Ergebnisse der Befragung hinsichtlich des Risikomanagements zusammen.

Abbildung 4: Verbreitung unterschiedlicher Risikomanagementinstrumente in der Praxis (N = 249)

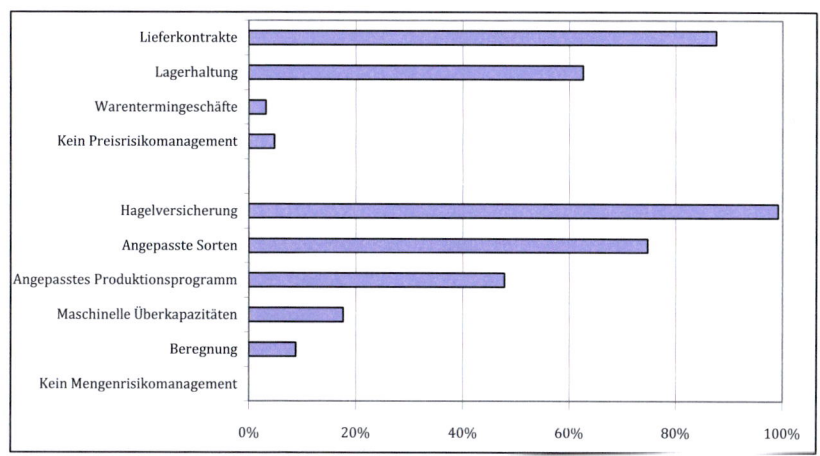

Die Mehrzahl der Landwirte nutzt Risikomanagementinstrumente zur Verringerung des Preisrisikos. Mehr als 80% der Landwirte schließen bilaterale Lieferkontrakte ab; mehr als 60% verfügen über Lagerhaltung. Nur etwa 5% der befragten Landwirte geben an, sich nicht aktiv gegen Preisrisiken abzusichern. Hinsichtlich der Instrumente zum Management der Mengenrisiken wird deutlich, dass nur 2 der 249 befragten Landwirte angaben, keine Hagelversicherung abgeschlossen zu haben. Dieses Ergebnis ist voraussichtlich nicht repräsentativ, da die Kontaktdaten der befragten Landwirte zum größten Teil von einer großen Hagelversicherung bereitgestellt wurden. Etwa 75% der Landwirte schützen sich zudem vor Mengenrisiken durch die Wahl risikoangepasster Sorten. 9% der Landwirte verfügen über Beregnungsanlagen. Alle befragten Landwirte sichern sich in der einen oder anderen Art und Weise aktiv gegen mengenbezogene Risiken ab.

Die hohe Bedeutung der mengenbezogenen Risikomanagementinstrumente ist angesichts der in der Landwirtschaft vorherrschenden Risikoquellen nicht überraschend: 80% der befragten Landwirte schätzen Trockenheit als ertragsrelevante Risikoquelle ein. Demgegenüber wurden Hagel (55%), Temperatur

(49%) und Sturm (25%) als wichtig, aber bereits deutlich weniger bedeutend eingeschätzt. Gestützt wird die Einschätzung, dass Trockenheit die wichtigste Risikoquelle darstellt, durch die Schadenshäufigkeit und -höhe der letzten Jahre (vgl. Abbildung 5). Circa 50% der Landwirte waren in den letzten zehn Jahren mehr als dreimal von Trockenheit betroffen. Im Mittel aller Landwirte mussten in den letzten 10 Jahren 3,7 Mal trockenheitsbedingte Ernteausfälle verzeichnet werden. Die durchschnittliche Schadenshöhe lag bei 21% der Landwirte zwischen 0 und 20%, bei 69% der Landwirte zwischen 21 und 40% und bei 10% der Landwirte zwischen 41% und 60%.

Abbildung 5: Relative Häufigkeit der Zahl trockenheitsbedingter Schäden (links) und durchschnittliche Schadenhöhe (rechts) in den letzten 10 Jahren (N = 249)

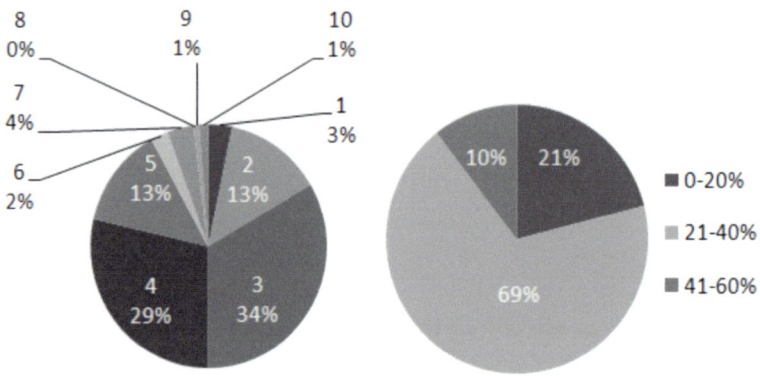

Quelle: Nach Weber et al. (2008): 40.

6. Fazit

Ein Unternehmer kann aus einer Bandbreite unterschiedlicher risikoreduzierender Maßnahmen auswählen. Dabei ist zu beachten, dass sich die Leistungen verschiedener Risikomanagementinstrumente unterscheiden können. Die Leistung ist einerseits von der Hedgingeffektivität abhängig, d.h. der Wirksamkeit des Instruments zur Reduzierung des Risikos im jeweiligen betrieblichen Kontext. Andererseits hängt die Leistung von der Risikoeinstellung des Unternehmers und damit der subjektiven Nutzenerhöhung durch ein vermindertes Risiko ab. Gleichzeitig verursachen verschiedene risikoreduzierende Maßnahmen unterschiedlich hohe Kosten: Die Umsetzung eines breit diversifizierten Produktionsprogramms, in dem weniger riskante Produktionsverfahren einen größeren Stellenwert einnehmen, liefert im Mittel einen geringeren Gewinn als ein nur auf die rentabelsten Produktionsverfahren fokussiertes Produktionsprogramm. Die Kosten einer Diversifizierung entstehen in Form von Opportunitätskosten. Mit dem Kauf von Versicherungen sind dagegen direkte Kosten in Form des zu zahlenden Aufpreises verbunden.

Zur Auswahl geeigneter Risikomanagementinstrumente reichen isolierte Betrachtungen, die *nur* auf die Leistungen oder *nur* auf die Kosten eines Instrumentes schauen, nicht aus. Vielmehr muss beides gemeinsam berücksichtigt werden. Zudem muss man die gesamtbetriebliche Wirkung beachten. Sichert man bspw. Mastschweinepreise über die Warenterminbörse ab, kann das Unternehmensrisiko im Sinne der Streuung des Gewinns steigen. Dies liegt daran, dass die Risikoreduktion über den sog. natürlichen Hedge mit den Ferkelpreisen, die positiv mit den Mastschweinepreisen korreliert sind, nicht mehr erfolgt. Hier würde es also nicht reichen, nach der Reduzierung der Streuung der Erlöse durch Futures zu fragen, um ihre Leistung als Risikomanagementinstrument zu bewerten! Ein Risikomanagementinstrument sollte dann eingesetzt werden, wenn seine gesamtbetriebliche Leistung die gesamtbetrieblichen Kosten übertrifft.

Damit stellt sich die Frage, wie man die Vielzahl von Faktoren, die den Nutzen von Risikomanagementinstrumenten bestimmen, bei der Analyse berücksichtigen kann. Dies kann bspw. im Rahmen eines gesamtbetrieblichen Planungsansatzes erfolgen, der auf der beobachteten Risikoakzeptanz (revealed preference) von Unternehmern aufbaut (vgl. Mußhoff und Hirschauer 2010: 393ff). Hierzu muss das Produktionsprogramm in einem Optimierungsansatz bestimmt werden, bei dem Obergrenzen für das Risiko berücksichtigt werden und die zur Verfügung stehenden Risikomanagementinstrumente als mögliche Aktivitäten aufgenommen werden.

Literatur

Berg, E.; Schmitz, B.; Starp, M.; Trenkel H. (2005): Wetterderivate: Ein Instrument im Risikomanagement für die Landwirtschaft? Agrarwirtschaft 54: 158-170.

Hardaker, J.B.; Huirne, R.B.M.; Anderson, J.R.; Lien G. (2004): Coping with Risk in Agriculture. CAB International, Wallingford.

Hirschauer, N.; Mußhoff, O. (2008): Sollte man landwirtschaftliche Ernteversicherungen subventionieren? - Gute alte Argumente in einem neuen Streit. In: Schriften der Gesellschaft GeWiSoLa, Band 44: 113-126. Landwirtschaftsverlag GmbH, Münster-Hiltrup.

Mußhoff, O.; Hirschauer, N. (2010): Modernes Agrarmanagement - Betriebswirtschaftliche Analyse und Planungsverfahren, Kapitel 7: Querschnittsaufgabe Risikomanagement. Vahlen, München.

Skees, J.R.; Black, J.R.; Barnett, B.J. (1997): Designing and Rating an Area Yield Crop Insurance Contract. American Journal of Agricultural Economics 79: 430-438.

Turvey, C.G. (2005): The Pricing of Degree-day Weather Options. Agricultural Finance Review 65: 59-85.

Weber, R.; Kraus, T.; Mußhoff, O.; Odening, M.; Rust, I. (2008): Risikomanagement mit indexbasierten Wetterversicherungen - Bedarfsgerechte Ausgestaltung und Zahlungsbereitschaft. In: Risikomanagement in der Landwirtschaft, Schriftenreihe der Landwirtschaftlichen Rentenbank, Band 23: 9-52, Frankfurt am Main.

(Temporär) hohe Agrarpreise:
Struktur- und Einkommenseffekte in der Landwirtschaft

Franziska Appel, Alfons Balmann und Konrad Kellermann

1. Einleitung

Im Jahr 2007 sind die Preise für Getreide und Ölsaaten weltweit sprunghaft gestiegen. Ob in den nächsten Jahren weiterhin mit Agrarpreisen in dieser Höhe gerechnet werden kann, wird vielfach diskutiert. Im folgenden Beitrag soll der Frage nachgegangen werden, was diese Preisentwicklung – ob nun dauerhaft oder nur für einige Jahre – für Landwirte und landwirtschaftliche Unternehmen bedeutet.

Die Agrarpreisentwicklung 2007 steht im Gegensatz zum bisherigen Trend der Agrarpreise, der für das 20. Jahrhundert einen stetigen Abwärtstrend aufwies (vgl. etwa Witzke 2007). Die Ursachen hierfür lassen sich mit der Cochrane'schen Tretmühle (Cochrane 1958) erklären. Stetige und massive Produktivitätssteigerungen in Industrie- wie Entwicklungsländern führten dazu, dass Nahrungsmittel immer kostengünstiger erzeugt und angeboten werden konnten. Durch die unelastische Reaktion der Nachfrage nach Agrarprodukten auf Einkommens- und Preisänderungen, stieg die Nachfrage - trotz starken Wachstums der Weltbevölkerung und erheblicher Einkommenszuwächse - nicht im selben Maße. Verschärft wurde diese Marktsättigung durch erhebliche Preisstützungen in zahlreichen Industrieländern und eine daraus resultierende Überproduktion. Soweit nicht durch nationale Politiken verhindert, wuchs der Einkommensdruck bei den landwirtschaftlichen Produzenten, der diese im Rahmen des Strukturwandels zu erneuten Produktivitätssteigerungen zwang.

Seit einigen Jahren scheint jedoch eine Trendwende eingesetzt zu haben, in deren Folge die Preise steigen (z.B. USDA-Economic Research Service 2006). Als Gründe lassen sich die – insbesondere in vielen Schwellenländern in Ostasien und Südamerika – deutlich abnehmenden Ertragsanstiege anführen. Boden und Wasser für eine Ausdehnung der Produktionskapazitäten stehen zudem nur im begrenzten Maße zur Verfügung. Durch die rasant wachsende Weltbevölkerung und erhebliche Wachstumsraten in vielen Schwellenländern erhöht sich gleichzeitig die Nachfrage nach Nahrungsmitteln, insbesondere nach tierischen Produkten. Als Folge wächst der Verbrauch schneller als die Produktion. Gut zu beobachten ist das am zunehmenden Abbau der weltweiten Lagerbestände, etwa für Weizen, Mais und Reis (FAPRI 2007). Zudem werden Agrarprodukte zunehmend für die Energiegewinnung genutzt. Besonders in Brasilien, den USA und der EU ist in den letzten Jahren, zunächst politisch bedingt, dann jedoch zunehmend infolge gestiegener Energiepreise, die Nachfrage nach nachwachsenden Rohstoffen gestiegen (FAPRI 2007). Da diese mit den klassischen Agrarprodukten in Flächenkonkurrenz stehen, ist mit einer zunehmenden Kopplung der Agrarpreise an die Energie- und Rohstoffpreise zu rechnen (Isermeyer und Zimmer 2006). Witzke (2007) leitet aus den genannten Entwicklungen sogar ein Ende der Cochrane'schen Tretmühle ab.

Aus diesen Entwicklungen lassen sich vielfältige Fragen ableiten, etwa nach den möglichen Konsequenzen, die aus den hohen Preisen für die Landwirtschaft resultieren und wie die Landwirte darauf reagieren sollten. Für die Pflanzen- und Tierproduktion lassen sich unterschiedliche Vermutungen aufstellen, wobei in diesem Beitrag auf die Tierproduktion nicht näher eingegangen werden soll. In der Pflanzenproduktion wird, zumindest in der Übergangsphase, Unklarheit über die Entwicklungsrichtung und Höhe der Preisschwankungen herrschen. Durch den Anbau von nachwachsenden Rohstoffen nimmt der Energiepreis immer mehr Einfluss auf die Agrarpreise, was Preisschwankungen noch verstärken kann. Die hohe Volatilität erfordert von den Landwirten ein entsprechendes Risikobewusstsein. Besondere Relevanz hat die Preisentwicklung in Bezug auf langfristige Entscheidungen, wie z.B. Investitionen, Finanzierung und Berufswahl.

2. Vorgehensweise

Um die Frage nach den Auswirkungen mittel- bis längerfristig deutlich höherer Preise im Marktfruchtbau auf die Landwirtschaft beantworten zu können, werden im Folgenden Simulationsexperimente mit dem computergestützten Agrarstrukturmodell AgriPoliS (vgl. Happe 2004, Happe et al. 2004) vorgestellt. In vorangegangen Studien wurde dieses Modell an verschiede Regionen innerhalb der erweiterten EU angepasst (Sahrbacher et al. 2005). Exemplarisch wurden für die vorliegenden Analysen das Vergleichsgebiet Hohenlohe in Baden-Württemberg und das Sächsische Lössgebiet ausgewählt.

2.1 Methode

Mittels des Simulationsmodells AgriPoliS ist es möglich, Agrarregionen und deren Entwicklung virtuell am Computer abzubilden und Experimente durchzuführen. Die Besonderheit dieses agentenbasierten Modells ist der Bottom-Up-Ansatz, d.h. die Entwicklung der Gesamtregion ergibt sich in AgriPoliS aus den

Interaktionen der einzelnen Betriebe und deren Reaktionen auf sich ändernde Umweltbedingungen. Jeder der in AgriPoliS abgebildeten Betriebe ist bestrebt sein Haushaltseinkommen (Einzelbetriebe), bzw. seinen Gewinn (Juristische Personen) zu maximieren, wobei seine Handlungsmöglichkeiten neben Investitionen in Maschinen und Gebäude sowie die Nutzung verschiedener Pflanzen- und Tierproduktionsverfahren auch Wachstum, Schrumpfung oder Betriebsaufgabe umfassen. Dabei fließen vorhandene Produktionskapazitäten und verschiedenen Restriktionen, wie zum Beispiel Fruchtfolge und Liquidität in die Entscheidungen mit ein. Dem Modell liegt die Annahme zugrunde, dass die ausscheidenden Landwirte ihre Arbeitskraft und ihr Kapital außerhalb der Landwirtschaft einsetzen können. Ihr Eigenland verpachten diese Landwirte an überlebende Betriebe, wodurch ihnen mehrere Einkommensquellen zur Verfügung stehen. Die Pachtpreise richten sich nach den Schattenpreisen der Flächen für die Landwirte.

2.2 Untersuchungsregion 1: Hohenlohe

Die Region Hohenlohe liegt in Baden- Württemberg und umfasst eine Fläche von 73.439 Hektar mit 2.869 landwirtschaftlichen Unternehmen, vorrangig Einzelbetriebe (Statistisches Landesamt Baden-Württemberg 1999). Gekennzeichnet ist die Region durch eine intensive Tierhaltung. Ackerbau und Veredlung sind auf Hochplateaus beschränkt. Eine Erweiterung der Betriebe ist hier auf Grund der natürlichen Gegebenheiten nur schwer möglich. Die übrigen Tal- und Hanglagen werden von der Milchviehhaltung und vom Futterbau dominiert. 46% der Betriebe werden im Nebenerwerb geführt. Die 54% Haupterwerbsbetriebe bewirtschaften 78,1% der Flächen in Hohenlohe.

2.3 Untersuchungsregion 2: Sächsisches Lössgebiet

Das sächsische Lössgebiet ist Teil des Wirtschaftsgebietes II in Sachsen und umfasst eine Fläche von 496.451 Hektar, wovon 86% Ackerland sind. Die insgesamt 2.858 Betriebe, bei denen es sich zum überwiegenden Teil um juristische Personen handelt, bewirtschaften im Durchschnitt jeweils 174 Hektar. Eine vorwiegend gute Bodenfruchtbarkeit ermöglicht Erträge von 7,2 t/ ha (LfL Sachsen 1999), was über dem Bundesdurchschnitt von 6,1 t/ ha (BMVEL 2005, 2003) liegt. 56,9% der Betriebe sind reine Ackerbaubetriebe. Viehhaltung spielt bei einer Viehbesatzdichte von 0,5 LU/ ha eine untergeordnete Rolle (1,3 LU/ha sind Bundesdurchschnitt (BMVEL 2005, 2003)).

2.4 Szenarien

Bei den nun folgenden Experimenten liegt das Hauptaugenmerk auf der Pflanzenproduktion. Es wird angenommen, dass die Deckungsbeiträge in der Tierproduktion von den höheren Preisen nicht beeinflusst werden. Dagegen wird ein Preisanstieg von 57% für Getreide, 36% für Raps und 6% für Proteinpflanzen angenommen.

Um die Unsicherheit über die Marktentwicklungen einfließen zu lassen, werden zwei Fälle betrachtet. Zum einen wird angenommen, dass die Preise dauerhaft auf dem hohen Niveau bleiben (hoher Preis) und zum anderen, dass die Preise im Jahr 2012 wieder das Ausgangsniveau von vor 2007 erreichen (temporär hoher Preis). Als Referenz dient das Reformszenario (REFORM), d.h. die Umsetzung der EU- Agrarreform ohne Preisänderung.

3. Simulation und Ergebnisse

Auf folgende Fragestellungen soll näher eingegangen werden:
- Bieten die hohen Preise nur kurzfristig finanzielle Vorteile für Marktfruchtbetriebe?
- Geht ein zunehmender Anteil der Vorteile an die Bodeneigentümer?
- Wird der Strukturwandel gebremst?
- Werden Betriebe mit Entwicklungspotential im Wachstum behindert?

3.1 Haushaltseinkommen bzw. Gewinn

Die Simulationen führen zu dem Ergebnis, dass die Haushaltseinkommen (Abbildung 1) in der Region Hohenlohe durch die hohen Preise ab dem Jahr 2007 umgehend um etwa 10.000 € je Betrieb steigen. Die Entwicklung verläuft danach weiterhin parallel zum Reformszenario. Der erzielte Gewinn je Unternehmen (Abbildung 1) im Sächsischen Lössgebiet steigt durch die hohen Preise im Jahr 2007 um 80.000 € und verdoppelt sich damit fast. Im Gegensatz zu den Haushaltseinkommen in Hohenlohe entwickeln sich die Gewinne in Sachsen bei hohen Preisen nicht parallel zum Referenzszenario REFORM weiter. Die zusätzlichen Gewinne durch den hohen Preis werden von Jahr zu Jahr geringer. Dies ist jedoch ein rein statistischer Effekt, der darauf zurückzuführen ist, dass ohne den Preiseffekt in der Region längerfristig eine Reihe kleinerer Familien- und Nebenerwerbsbetriebe ausscheiden würde. Dieses Ausscheiden führt im Referenzszenario ebenso wie im Szenario mit nur zeitlich begrenztem Preisanstieg dazu, dass der Durchschnittsgewinn ansteigt – einfach weil die überlebenden Betriebe überdurchschnittlich erfolgreich sind. Eine reine Auswertung der Unternehmen, die in allen Szenarien bis zum Schluss überleben, ergäbe auch längerfristig deutlich höhere Durchschnittsgewinne bei höheren Preisen.

Bei einem nur temporär hohen Preis fallen sowohl die Haushaltseinkommen als auch die Gewinne ab 2012 wieder auf das Niveau des Reformszenarios zurück.

Abbildung 1: Entwicklung der durchschnittlichen Haushaltseinkommen bzw. Gewinne

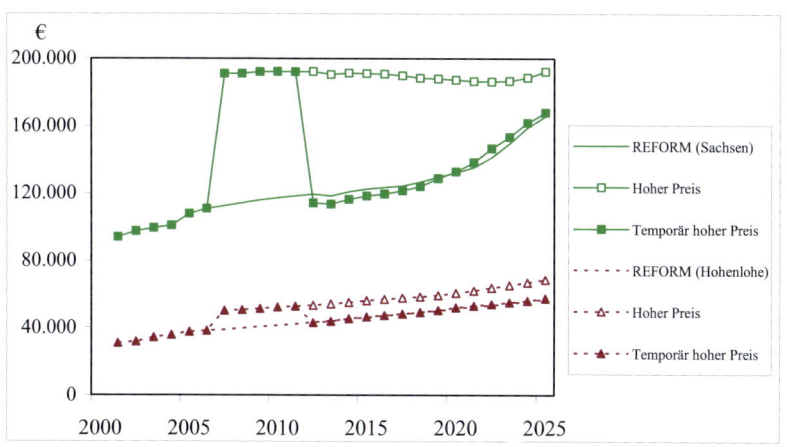

In Ergänzung zu den Durchschnittsbetrachtungen werden im Folgenden die Ergebnisse auf Ebene der einzelnen Haushalte bzw. Unternehmen für das Jahr 2013 direkt gegenübergestellt. Abbildung 2 ist so aufgebaut, dass für beide Regionen die Haushaltseinkommen bzw. Gewinne im Jahr 2013 aus dem Szenario mit dem hohen Preis (Y-Achse) mit denen aus dem Referenzszenario REFORM (X-Achse) verglichen werden. Liegt das Unternehmen links oberhalb der Winkelhalbierenden, so erwirtschaftet das Unternehmen in dem Szenario mit dem höheren Preis ein höheres Haushaltseinkommen bzw. einen höheren Gewinn. Dagegen stellt es sich im Referenzszenario besser, wenn der Punkt rechts unterhalb der Winkelhalbierenden liegt. Betriebe, die direkt auf dieser Geraden liegen, erwirtschaften in beiden Szenarien den gleichen Gewinn, bzw. das gleiche Haushaltseinkommen.

Bei diesem Vergleich fällt auf, dass sich bei den höheren Preisen vor allem solche Haushalte bzw. Unternehmen deutlich besser stellen können, die ohnehin sehr erfolgreich sind. Dabei handelt es sich vor allem um Betriebe mit größeren Flächen oder mit Eigentum an Boden. Insbesondere in Hohenlohe schneiden einige wenige Betriebe in dem Szenario mit den höheren Preisen schlechter ab.

Hierbei handelt es sich um vergleichsweise ineffiziente Betriebe, die durch die hohen Preise verleitet werden in der Produktion zu bleiben, obwohl es für sie günstiger wäre aus der Landwirtschaft auszusteigen und ihre Flächen zu verpachten und so von steigenden Pachtpreisen zu profitieren.

Abbildung 2: Vergleich der Haushaltseinkommen bzw. Gewinne in den Szenarien mit und ohne hohe Preise im Jahr 2013

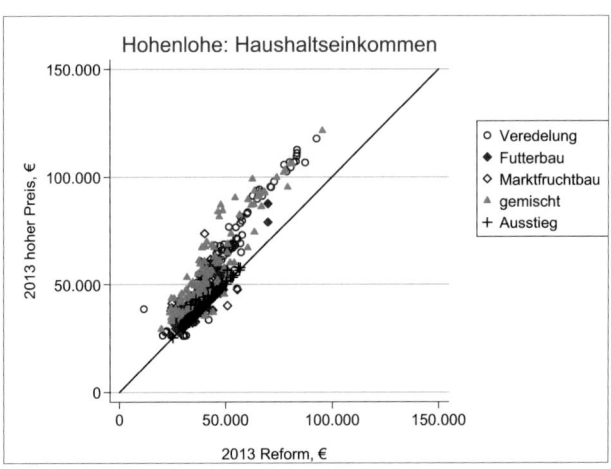

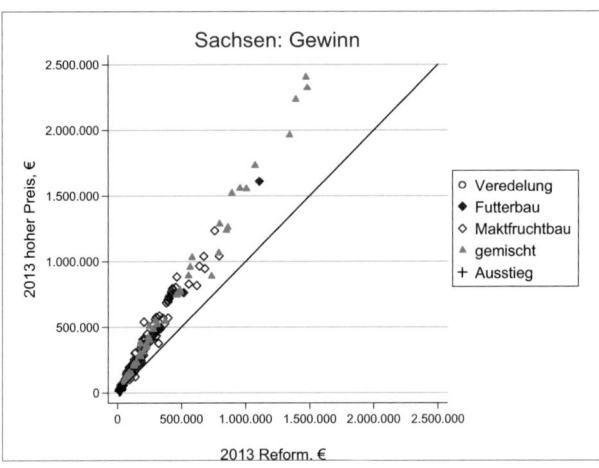

3.2 Pachtpreise und Grundrenten

Bei einem höheren Preis steigen die erwarteten Grundrenten, was zu höheren Schattenpreisen für Boden führt. Der Pachtpreis steigt demzufolge (Abbildung 3 und Abbildung 4). Durch die steigenden Pachtpreise geben die Landwirte einen Teil der positiven Einkommenseffekte an die Bodeneigentümer weiter. Dieser Effekt ist grundsätzlich bedeutsamer in Sachsen als in Hohenlohe, da in Sachsen etwa 90% der Flächen gepachtet sind, während es in Hohenlohe nur etwa 50% sind. Allerdings fällt zugleich die Pachtpreissteigerung in Sachsen innerhalb eines Zehnjahreszeitraums mit etwa 160 € je ha Ackerland deutlich schwächer aus als in Hohenlohe, wo der Anstieg 260 € je ha beträgt – wobei in Sachsen bereits im Referenzszenario innerhalb des Zeitraums ein Anstieg von 80 € je ha stattfände, während es in Hohenlohe nur ein geringfügigen Anstieg gäbe.

Bei einem Vergleich der Pachtpreise mit den Grundrenten fällt auf, dass in Hohenlohe die Grundrenten anfangs negativ sind und sich auch im Referenzszenario, d.h. ohne Preissteigerung, stetig erhöhen, allerdings ohne das Niveau der Pachtpreise zu erreichen. Das bedeutet, dass die durchschnittliche Verwertung des Bodens unter Berücksichtigung der langfristigen Kosten für Arbeit und Kapital geringer ist, als der Bodenpreis. Diese Diskrepanz geht zurück auf eine Kombination von Tretmühleneffekt und vorhandenen Überkapazitäten. Insbesondere bei kleineren Familienbetrieben, die die Landwirtschaft in Hohenlohe dominieren, sind infolge versunkener Kosten für Arbeit und Gebäude erhebliche Produktionskapazitäten vorhanden, deren effektive Verwertung unterhalb ihrer langfristigen Opportunitätskosten liegt. Hierdurch entsteht das Problem, dass der Boden zum relativ knappsten Faktor mit sehr hohen Schattenpreisen wird, da ein Großteil der Kosten für Arbeit und Kapital bei Pachtentscheidungen nicht berücksichtigt wird (vgl. Balmann 1999 und Coelli et al. 2005).

Interessanterweise findet durch den Preisanstieg zwar eine kurzzeitige Angleichung der Grundrenten auf das Niveau der Pachtpreise statt, allerdings steigen anschließend wettbewerbsbedingt die Pachtpreise wieder schneller und es entsteht erneut eine Diskrepanz.

In Sachsen liegen die Pachtpreise dagegen in allen Szenarien weit unterhalb der Grundrenten. Zum einen wird die Region von Unternehmen dominiert, die Skalenerträge ausschöpfen zum anderen wird vorwiegend mit Lohnarbeitskräften und wenig Kapital gewirtschaftet, so dass die Kosten dieser Faktoren bei Pachtentscheidungen berücksichtigt werden müssen und somit die Schattenpreise für Boden tendenziell unterhalb der durchschnittlichen Grundrenten liegen.

Abbildung 3: Entwicklung der Grundrenten und Pachtpreise je ha in Hohenlohe

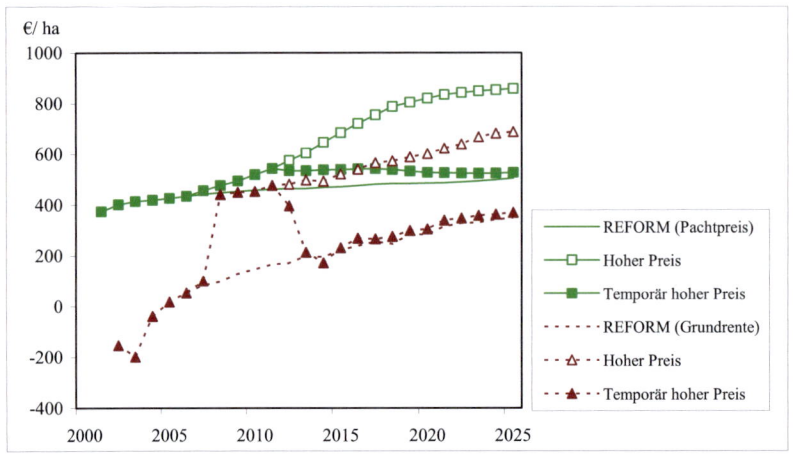

(Grundrente berechnet als Gewinn abzüglich Lohn- und Zinsansatz für Familienarbeitskräfte und Eigenkapital zuzüglich Aufwand für gepachtete Flächen)

Abbildung 4: Entwicklung der Grundrenten und Pachtpreise im Sächsischen Lössgebiet

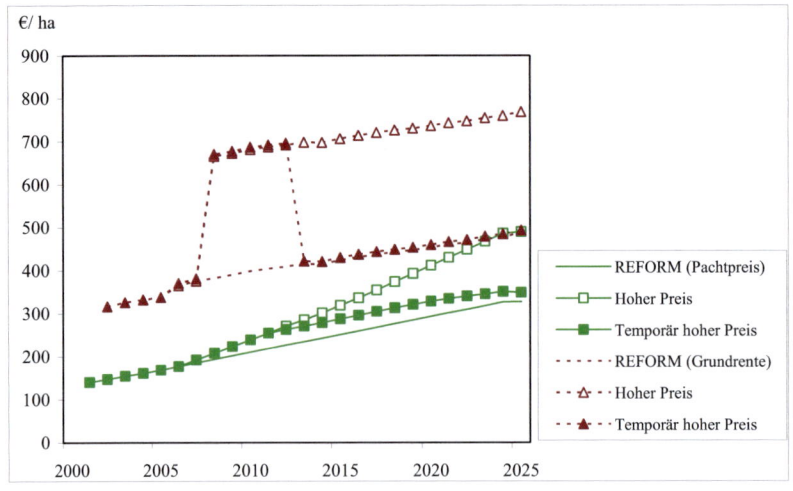

Auch bei temporär hohem Preis bleiben die Pachtpreise längerfristig über dem Niveau vom Reformszenario. Der Grund sind die Laufzeiten der Pachtverträge, die in Zeiten der höheren Produktpreise abgeschlossen wurden. Dadurch profitieren Bodeneigentümer auch nach einem Preisrückgang 2012 von den hohen Preisen.

3.3 Strukturwandel

Durch die hohen Preise wird, wie Abbildung 5 zeigt, der Strukturwandel abgebremst. Die durchschnittliche Betriebsgröße wächst nicht mehr im selben Maße wie im Reformszenario. In Sachsen wird der Strukturwandel durch die höheren Preise zunächst nicht so deutlich wie in Hohenlohe gebremst, dafür allerdings längerfristig deutlicher. Betriebe mit Entwicklungspotential könnten somit durch die hohen Produktpreise in ihrer Entwicklung gebremst werden. Zum einen dadurch, dass die Pachtpreise steigen und sie somit nicht so günstig wie im Reformszenario zupachten können, zum anderen dadurch, dass schwächere Betriebe durch die hohen Preise verleitet werden in der Produktion zu bleiben und damit deren Marktanteile und Flächen nicht für die Betriebe mit Entwicklungspotential zur Verfügung stehen. Hierbei ist jedoch grundsätzlich zu unterscheiden zwischen einem Wachstumseffekt und einem statistischen Effekt. Letzterer entsteht dadurch, dass insbesondere kleinere Neben- und Haupterwerbsbetriebe ausscheiden, wodurch auf den Bodenmärkten vergleichsweise wenig Bewegung eintritt und die überlebenden Betriebe kaum wachsen. Das gilt für Sachsen allerdings stärker als für Hohenlohe.

Abbildung 5: Entwicklung der Betriebsgrößen im Sächsischen Lössgebiet und Hohenlohe

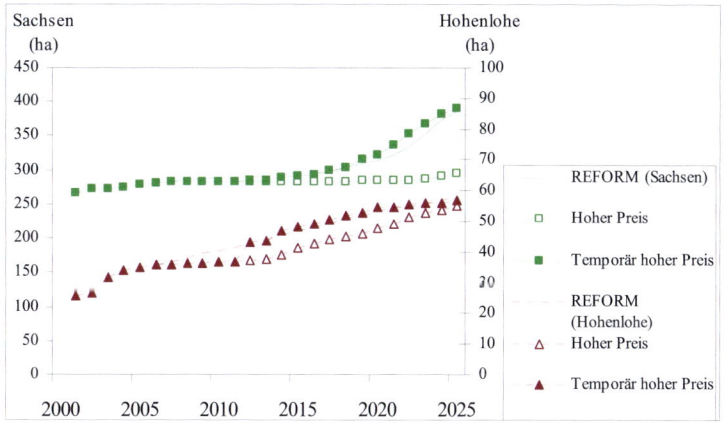

Sowohl für Hohenlohe als auch für das Sächsische Lössgebiet fällt auf, dass bei einem temporär hohen Preis, nachdem der Preis wieder gesunken ist, der Strukturwandel zeitweise schneller als im Reformszenario stattfindet. Ursache sind die gestiegenen Pachtpreise. Dadurch steigen die Kosten, so dass ineffiziente Betriebe einen größeren Anreiz haben aus der Produktion auszusteigen als im Reformszenario, in dem die Pachtpreise niedrig geblieben sind.

4. Fazit

Auf Grund dieser Simulationen kann man erste Aussagen über die Auswirkung eines Preisanstieges im Marktfruchtbau ableiten. Die höheren Preise bieten den Unternehmen erhebliche finanzielle Vorteile. Längerfristig kommen diese Vorteile durch Überwälzungseffekte zunehmend den Bodeneigentümern zugute, und damit insbesondere Landwirten mit hohem Eigenlandanteil. Durch die Laufzeiten der Pachtverträge profitieren die Bodeneigentümer sogar längerfristig, auch wenn die Preise wieder zurückgehen. Insgesamt kann jedoch konstatiert werden, dass größere und effizientere Unternehmen überdurchschnittlich profitieren. Das gilt insbesondere auch für Großbetriebe, wie sie in den neuen Bundesländern vorkommen. Zwar verfügen diese Unternehmen regelmäßig über einen sehr hohen Pachtflächenanteil, allerdings sind, den Ergebnissen zufolge, strukturbedingt auch langfristig niedrigere Pachtpreisanstiege zu erwarten.

Der Strukturwandel wird durch die hohen Preise tendenziell gebremst. Einige Betriebe könnten trotz Defiziten in ihrer Effizienz und Wettbewerbsfähigkeit dazu verleitet werden, in der Landwirtschaft zu bleiben. Dadurch könnten Unternehmen mit Entwicklungspotential im Wachstum behindert werden. Allerdings sollte dieser Effekt insbesondere für das Sächsische Lössgebiet nicht überschätzt werden, da dort vornehmlich weit unterdurchschnittlich große Betriebe ausscheiden, die ohnehin nur einen sehr geringen Anteil an der Gesamtfläche bewirtschaften.

Aus diesen ersten Ergebnissen lassen sich folgende Schlussfolgerungen für die Landwirte ableiten: Die Betriebe können sich zunächst einmal über die positiven finanziellen Auswirkungen der hohen Preise freuen. Dennoch sollten sich die Landwirte bewusst sein, dass erhebliche Unsicherheiten im Bezug auf die Richtung, den Umfang und die Stabilität der Preisentwicklung existieren. Eine gewisse Skepsis gegenüber Preis- und Politikanreizen ist angebracht. Vor allem auf vorhandene Strukturdefizite muss geachtet werden. Der hohe Preis behebt die Strukturprobleme nicht, sondern verdeckt diese nur. Einzubetten sind die Schlussfolgerungen in die weitere Entwicklung der Rahmenbedingungen. Mit Blick auf die Weiterentwicklung der EU-Agrarpolitik sollte man sich bewusst sein, dass die höheren Preise verbunden mit höheren Einkommen und Gewinnen eine weitere Rechtfertigung der Subventionen für die Landwirtschaft in Frage stellen. Der politische Druck auf den Abbau von Direktzahlungen wächst und damit auch auf die Relevanz der klassischen Agrarpolitik. Nicht zuletzt ist seitens der Landwirte zu bedenken, dass sich Strukturwandel zunehmend innerhalb neuer Dimensionen bewegt (Boehlje 1999). Im steigenden Maße hängt die Wettbewerbsfähigkeit von Unternehmen und Regionen davon ab, ob es gelingt, sich erfolgreich in die zunehmend international ausgerichteten Wertschöpfungsketten zu integrieren. Allerdings werden die für die heimische Landwirtschaft relevanten Wertschöpfungsketten trotz der steigenden Nachfrage nach Biomasse für Energie und andere Nichtnahrungszwecke auch langfristig vornehmlich nahrungsmittelorientiert sein. Für die Landwirte wird die eigentliche Herausforderung darin bestehen, die eigenen Chancen und Risiken in diesem zunehmend internationalen Wettbewerb zu erkennen und sich entsprechend zu positionieren.

Literatur

Balmann, Alfons (1999): Path dependence and the structural development of family farm dominated regions. IX European Congress of Agricultural Economists, Organized Session Papers, 24-28 August, Warsaw, 263-284.

BMVEL (2005): Agrarpolitischer Bericht 2005 der Bundesregierung.

BMVEL (2003): Agrarbericht der Bundesregierung 2003.

Boehlje, Michael (1999): Structural changes in the agricultural industries: how do we measure, analyse and understand them?. American Journal of Agricultural Economies 81 (5), 1028-1041.

Cochrane, Willard W. (1958): Farm Prices: Myth and Reality. Minneapolis, MN: University of Minnesota Press.

Coelli, Timothy James, Sergio Perelman und Dirk van Lierde (2005):CAP reforms and total factor productivity growth in Belgian agriculture: A Malmquist index approach, mimeo.

FAPRI (2007): U.S. and World agricultural Outlook. FAPRI Staff Report 07-FSR 1, Iowa State University, Iowa, USA.

Happe, Kathrin (2004): Agricultural policies and farm structures – agent-based modelling and application to EU-policy reform. Studies on the Agricultural and Food Sector in Central and Eastern Europe 30, IAMO, Halle.

Happe, Kathrin, Alfons Balmann und Konrad Kellermann (2004): An agent-based analysis of different direct payment schemes for the German region Hohenlohe. In Van Huylenbroeck, Guido, Wim Verbeke and Ludwig Lauwers (eds.): Role of institutions in rural policies and agricultural markets. Proceedings of the 80th EAAE Seminar: New policies and institutions for European agriculture, 24-26 September 2003, Amsterdam, 171-182.

Isermeyer, Folkhard und Yelto Zimmer (2006): Thesen zur Bioenergie-Politik in Deutschland. Arbeitsberichte des Bereichs Agrarökonomie der FAL, Braunschweig.

Lfl Sachsen (1999): Die landwirtschaftlichen Vergleichsgebiete im Freistaat Sachsen. Sächsische Landesanstalt für Landwirtschaft, Dresden, 1999.

Sahrbacher, Christoph, Hauke Schnicke, Kathrin Happe und Marten Graubner (2005): Adaptation of the agent-based model AgriPoliS to 11 study regions in the enlarged European Union. IDEMA Deliverable No 10 (revised in March 2007), URL: http://www.sli.lu.se/IDEMA/WPs/IDEMA_deliverable_10_2007%2003%2030.pdf

Statistisches Landesamt Baden-Württemberg (1999): Sonderauswertung Erwerbsformen und Landnutzung im Vergleichsgebiet 20 – Hohenlohe.

USDA-Economic Research Service (2006): Wheat Situation and Outlook WHS 2006.

Witzke, Harald von (2007): Landwirtschaft in der ökologischen Marktwirtschaft: Sicherung der Welternährung vs. Klimaschutz und Bioenergie. Working Paper des Instituts für Wirtschafts- und Sozialwissenschaften des Landbaus 80, Humboldt-Universität zu Berlin.

Auswirkungen des Öl- und Nahrungsmittelpreisanstiegs sowie der Bioenergieförderung auf den Energiepflanzenanbau in Deutschland

Philipp Grundmann, Hilde Klauss und Mathias Schindler

1. Einleitung

Aus landwirtschaftlicher Biomasse produzierte Energie (Bioenergie) spielt eine bedeutsame Rolle bei der Erreichung der Ziele des Fahrplans für erneuerbare Energien („Renewable Energy Road Map"), welcher von der Europäischen Kommission für jeden Mitgliedsstaat vorgeschlagen wurde (European Commission 2007). Dieser Fahrplan beinhaltet ein verbindliches Ziel von 20% für den Anteil erneuerbarer Energien am Energieverbrauch in der EU bis zum Jahr 2020 sowie ein verbindliches Mindestziel eines Anteils von 10% Biokraftstoffen. Bisher gedieh der Bioenergie-Sektor mit Hilfe vielfältiger Fördermaßnahmen, die unter der Hoheit europäischer und deutscher Agrar-, Energie- und Umweltpolitik eingerichtet wurden. Ziel der Politik war es, den Anteil und die Zufuhr der Bioenergie am gesamten Energiemix zu erhöhen und zugleich die Versorgungssicherheit, Nachhaltigkeit und Wettbewerbsfähigkeit der Bioenergie zu steigern. Im Jahr 1997 gab sich die EU als Ziel vor, dass der Anteil erneuerbarer Energien am Brutto-Energieverbrauch in der EU im Jahr 2010 insgesamt 12% betragen soll (European Commission 1997). Trotz eines deutlichen Anstiegs dieses Anteils wird dieses Ziel nach Schätzungen der Kommission wohl nicht erreicht werden. Zudem stellen jüngste Entwicklungen auf den weltweiten Rohstoffmärkten und neue europäische Umwelt- und Agrarstrategien den Bioenergiesektor und insbesondere den Energiepflanzenanbau vor neue Risiken bzw. Herausforderungen. Für den Bioenergiesektor gilt es die Risiken, die bei sich verändernden Rahmenbedingungen auftreten, frühzeitig zu erkennen, richtig einzuschätzen und in angemessener Weise darauf zu reagieren.

Die Entscheidungsfindung in der Bioenergie-Branche und im Energiepflanzenanbau wird maßgeblich bestimmt durch Energiekosten, Preisentwicklungen im Nahrungsmittelanbau und Fördermaßnahmen für die Produktion und energetische Nutzung der Biomasse. Eine Missachtung dieser Faktoren kann zu gravierenden Fehleinschätzungen der Chancen und Risiken, sowie zu einer Fehlallokation bei der Ressourcenzuteilung führen. Die Abschätzung der Folgen der Bioenergieförderung, des Ölpreis- und des Nahrungsmittelpreisanstiegs auf die

Entwicklung des Energiepflanzenanbaus in Deutschland kann maßgeblich dazu beitragen, dies zu vermeiden.

2. Methoden

Der grundlegende Ansatz stützt sich auf eine Entscheidungsorientierte Wirkungsanalyse, welche ein multikriterielles Optimierungsmodell für die Entscheidungsfindung und Folgenabschätzung nutzt. Das komparativ-statische Modell wurde entwickelt, um die Änderung der Landnutzung infolge innovativer Bioenergie- und Energiepflanzenanbautechniken sowie Bioenergie- und Umweltpolitiken auf betrieblicher und regionaler Ebene abzuschätzen. Dazu wurde ein Betriebstypenmodell gewählt, bei dem ein repräsentativer Betriebstyp eine bestimmte Art von weitgehend homogenen Betrieben vertritt. Eine Region besteht aus Betriebstypen, die in einem einzigen Modell zusammengefasst sind. Diese Vorgehensweise ermöglicht eine simultane Optimierung des Produktionsprogramms einer Region (Grundmann et al. 2008). Das Modell berücksichtigt neben der Ressource Land die begrenzte Verfügbarkeit der natürlichen Ressourcen wie Wasser und Humus, aber auch Arbeitskräfteeinsatz, Betriebsmittel etc. Durch die Integration der Ressourcen werden die Flächennutzungskonkurrenz und weitere elementare Parameter bei der Modellierung von Konkurrenzen berücksichtigt. Es werden jedoch ausschließlich die agrarischen Ressourcennutzungen berücksichtigt. Bei der Modellierung der Ressourcennutzung in den Regionen steht die ökonomische Optimierung der Nutzungsmöglichkeiten im Hinblick auf Gewinnbeiträge der Verfahren und Betriebe sowie die Bruttowertschöpfung im Vordergrund der Analyse. Aus der gegebenen regionalen Ausstattung wird somit eine optimale Allokation der verfügbaren Ressourcen simuliert. Das Modell basiert demnach auf der Annahme einzelwirtschaftlich handelnder Akteure. Weiterhin werden die technologischen, ökologischen und gesetzlichen Rahmenbedingungen integriert, die den Nutzungsraum der Ressourcen begrenzen. Optimierung durch Lineare Programmierung, eine etablierte Methode in der angewandten Ökonomie, ist für diese Studie besonders geeignet, da

– viele Aktivitäten und Restriktionen zugleich betrachtet werden können,
– explizite und effiziente Prozeduren für die Lösungsfindung (Optimumsuche) eingesetzt werden,
– Ergebnisse aus veränderbaren Variablen nachvollziehbar berechnet werden können und
– neue Technologien, politische Steuerungsinstrumente und Vorgaben durch neue Aktivitäten modelliert werden können (Hazell und Norton 1986).

Allerdings weist die quantitative Modellierung Beschränkungen auf und kann daher nur im Bewusstsein ihrer Grenzen zur Anwendung kommen. Sie stellt ein stark vereinfachtes Abbild eines Untersuchungsgegenstandes dar. Bei der Verwendung von Linearer Programmierung ist zu berücksichtigen, dass sprunghafte Veränderungen von Lösungen nicht ausgeschlossen werden können. Quantitative Modelle können deshalb auch Konkurrenzen nicht exakt abbilden. Zwei grundlegende Annahmen des verwendeten Modells sind:

– Die regionalen Modellbetriebe handeln als „betriebswirtschaftliche Einheit" rational und optimieren nach ökonomischen Kriterien.

– Das Angebot und die Nachfrage der Region haben keinen Einfluss auf die Marktpreise.

Durch die ökonomischen Rahmendaten ist das Ressourcennutzungsmodell an die Nachfrageentwicklung gekoppelt, beinhaltet selbst jedoch nur die angebotsseitigen Reaktionen. Hierdurch können mögliche Entwicklungen, die im Zusammenwirken von Angebot und Nachfrage entstehen, nicht erfasst werden. Ebenso sind die ökologischen Rückkopplungswirkungen nicht integriert. Eine umfassende Beschreibung und Diskussion des verwendeten Betriebstypenmodells sowie der darin enthaltenen Verfahren und Restriktionen bieten Grundmann und Kimmich (2008).

Das Modell wird in verschiedenen Verbundprojekten zur Technikfolgenabschätzung im Bereich Bioenergie sowie zur Entscheidungsunterstützung in mehreren Regionen in Deutschland weiterentwickelt. Die hier dargestellten Ergebnisse beziehen sich auf die Region Havelland im Land Brandenburg sowie die Regionen Emsland, Soltau-Fallingbostel und Braunschweig-Hildesheim im Land Niedersachsen. Die Regionen zeichnen sich durch weitgehend homogene Betriebstypen aus (Grundmann et al. 2008). Die Region Havelland ist charakterisiert durch große Mischbetriebe mit Tierhaltung und großflächigem Ackerbau auf vorwiegend sandigen und leichten Böden. Die Region Braunschweig-Hildesheim hat sehr fruchtbare Böden und ist infolgedessen dominiert von landwirtschaftlichen Betrieben mit intensivem Ackerbau. Die Region Soltau-Fallingbostel ähnelt der Havellandregion bezüglich der Bodengüte. Die Betriebe sind ebenfalls Mischbetriebe, deren Flächenausstattungen jedoch deutlich geringer und deren Produktionsintensitäten höher sind. In der Region Emsland sind vorwiegend Tierhaltungsbetriebe angesiedelt, insbesondere intensive Schweine-, Geflügel- und Rindermastbetriebe.

Der Studie liegen Daten aus Betriebsbefragungen, früheren Studien und offiziellen (Agrar-)Statistiken auf Betriebsebene und regionaler Ebene aus den Jahren 2004 und 2007 zugrunde. Für eine statistische Analyse wurden pro Region 20 bis 30 Betriebe ausgewählt. Die Befragungen mit standardisierten Fragebögen erhoben qualitative und quantitative Informationen über alle Aspekte der

Entscheidungsfindung – unter anderem soziale und ökonomische Aktivitäten, Ressourcenausstattung sowie auch Probleme und Ziele der ländlichen Bevölkerung in den Regionen. Die Daten wurden zur Modellbildung genutzt, so dass eine differenzierte Betrachtung und ein Vergleich der Auswirkungen verschiedener Szenarien für einzelne Regionen ermöglicht wird. Die Analyse betrachtet und vergleicht mögliche Entwicklungen 'MIT' und 'OHNE' Änderungen und deren Auswirkungen auf das Einkommensniveau in der Landwirtschaft. Die Konzeption und Validierung der betrachteten Szenarien erfolgte im Rahmen von Marktbeobachtungen sowie Expertengesprächen und Workshops.

Es werden drei Szenarien und Variationen der Modellparameter gewählt. In Tabelle 1 sind die Variationen der Modellparameter aufgeführt für Szenarien, welche sich auf steigende Ölpreise, steigende Nahrungsmittelpreise und zunehmende Bioenergieproduktion beziehen.

Die Ermittlung der Modellparameter geschah auf der Basis von Marktbeobachtungen, Literaturstudien sowie Expertengesprächen. Beim Ölpreisanstieg-Szenario erfolgte die Validierung der Modellparameter durch Analyse der Kostenstrukturen der Produktion im Basisszenario. Dabei wurde untersucht, inwieweit die Erzeugerkosten von dem Szenariofaktor Ölpreis abhängig sind. Es wurde angenommen, dass die Lohnkosten, Pachten, Beiträge und Zinsansätze nicht von einer Ölpreiserhöhung beeinflusst werden. Alle anderen Kosten (fixe und variable Maschinenkosten, Düngemittel, Pflanzenschutzmittel und Saatgut) werden unmittelbar mit einem Anteil von bis zu 100% durch den Ölpreis bestimmt. Der genaue Anteil wurde anhand des kumulativen Energieaufwands ermittelt, der durch Einsatz des jeweiligen Produktionsmittels auftritt (Green 1987, Scholz und Kaulfuß 1995, Kaltschmidt und Reinhart 1997, Davis und Haglund 1999, Patyk und Reinhardt 1997) sowie der Kosten, um diesen Energieaufwand zu erbringen. Für die Herleitung der Annahmen in den Szenarien zum Preisanstieg bei Nahrungsmitteln und zur Förderung der Bioenergie siehe Schindler (2008). Für das Basisszenario wurde 2004 als Referenzjahr gewählt. In allen Szenarien wurde von einer Aufhebung der Flächenstilllegung ausgegangen.

Auswirkungen des Öl- und Nahrungsmittelpreisanstiegs

Tabelle 1: Parameterannahmen in den Szenarien

Szenarien		Basis-szenario	Ölpreisanstieg		Preisanstieg Nahrungsmittel		Förderung der Bioenergie	
Ölpreis	US-$/Barrel	60,00	+100%		—		—	
Referenzpreis Weizen	€/t	145,00	—		+50%		—	
Kapazität der Bioenergieproduktion		—	—		—		+200%	
Dieselpreis	€/l	0,95	+55%		+ 0%		+ 0%	
Benzinpreis	€/l	1,15	+50%		+ 0%		+ 0%	
Schmierölpreis	€/l	2,50	+25%		+ 0%		+ 0%	
Strompreis	€/kWh	0,14	+45%		+ 0%		+10%	
Lohnkosten	€/Akh	16,00	+15%		+10%		+ 0%	
Düngerpreis N	€/kg	0,65	+35%		+20%		+ 5%	
Düngerpreis P$_2$O$_5$	€/kg	0,50	+20%		+15%		+ 0%	
Düngerpreis K$_2$O + MgO	€/kg	0,36	+15%		+20%		+ 5%	
Düngerpreis CaO	/kg	0,02	+ 5%		+ 5%		+ 0%	
Pflanzenschutzkosten	%	1,00	+26%		+25%		+ 8%	
Var. Maschinenkosten	%	1,00	+23%		+15%		+ 5%	
Feste Maschinenkosten	%	1,00	+23%		+15%		+ 5%	
		Produkt	Saat	Produkt	Saat	Produkt	Saat	Produkt	Saat
Preise		€/dt	€/kg						
Weizen		14,50		+45%		+50%		+15%	
Weizen (Futterqualität)		14,00	0,37	+47%	+25%	+52%	+39%	+16%	+ 8%
Energieweizen (Ethanol)		13,25		+49%		+55%		+16%	
Roggen		14,00		+47%		+52%		+16%	
Roggen (Futterqualität)		13,00	1,02	+50%	+15%	+56%	+14%	+17%	+ 3%
Energieroggen (Ethanol)		13,25		+49%		+55%		+16%	
Roggen GPS		2,95	0,37	+40%	+25%	+41%	+40%	+12%	+ 8%
Gerste (Futterqualität)		13,50	0,38	+48%	+25%	+54%	+38%	+16%	+ 7%
Gerste		18,00	0,44	+36%	+25%	+40%	+33%	+12%	+ 7%
Hafer		13,75	0,35	+47%	+25%	+53%	+42%	+16%	+ 8%
Triticale		13,75	0,37	+47%	+25%	+53%	+39%	+16%	+ 8%
Körnermais		15,50	6,38	+42%	+15%	+47%	+ 3%	+14%	+ 0%
Silomais		3,00	6,38	+35%	+15%	+40%	+ 3%	+12%	+ 0%
Energiemais (Biogas)		2,90		+40%		+43%		+13%	
Raps (Nahrungsmittel)		27,50	14,63	+40%	+15%	+52%	+ 2%	+16%	+ 0%
Raps (Non-food)		27,50		+40%		+52%		+16%	
Speisekartoffeln		10,00	0,31	+13%	+25%	+17%	+14%	+ 5%	+ 2%
Stärkekartoffeln		5,40	0,28	+30%	+25%	+23%	+11%	+ 7%	+ 2%
Zuckerrübe		3,00	29,73	+47%	+15%	+44%	+15%	+13%	+ 5%
Zuckerrübe (Ethanol)		2,75		+60%		+47%		+14%	
Sudangras		2,85	2,00	+40%	+15%	+45%	+15%	+14%	+10%
Hybrid-Sorghum		2,85	3,66	+40%	+15%	+45%	+15%	+14%	+10%
Sonnenblume		2,85	21,40	+40%	+10%	+45%	+10%	+14%	+10%
Ackergras		3,65	2,10	+40%	+15%	+33%	+15%	+10%	+ 5%
Stroh		4,86		+45%		+15%		+ 8%	

3. Ergebnisse der Szenariosimulationen

Für einen differenzierten Vergleich der Auswirkungen der Szenarioannahmen in den verschiedenen Regionen sind die Simulationsergebnisse für die drei betrachteten Szenarien (Tabellen 6 bis 8) und die vier Untersuchungsregionen (Tabellen 2 bis 5) gegenübergestellt.

Infolge der politisch bedingten Aufhebung der Flächenstilllegungsverpflichtung werden in allen Szenarien und Regionen die gesamten Stilllegungsflächen wieder bewirtschaftet.

In der Region Havelland (Tabelle 2) zeichnet sich in allen Szenarien ein deutlicher Zuwachs der Weizenanbauflächen ab, während der Roggen- und Haferanbau verringert wird. Beim Szenario Ölpreisanstieg verkleinern sich außerdem die Raps- und Gersteanbauflächen. Im Szenario zum Nahrungsmittelpreisanstieg wird hingegen vermehrt Raps und Gerste sowie Kartoffeln und Körnermais angebaut. Beim Szenario zur Bioenergieförderung ist erwartungsgemäß eine Ausdehnung des Energiepflanzenanbaus (Raps, GPS-Silage und Energiemais) zu beobachten, aber auch Kartoffel- und Gersteanbauflächen erfahren leichte Zuwächse.

Die Landnutzungsverteilung in der Region Braunschweig-Hildesheim (Tabelle 3) erweist sich als nahezu gleich in allen betrachteten Szenarien. Der Anstieg der Weizenanbauflächen wird begleitet von einem leichten bis mäßigen Rückgang der Gersteanbauflächen. Lediglich beim Raps- und Roggensilageanbau bestehen zwischen den Szenarien Unterschiede. Der düngerintensive Rapsanbau zur Nahrungs- und Biokraftstofferzeugung verringert sich beim Ölpreisanstieg und steigert sich leicht beim Nahrungsmittelpreisanstieg. Der GPS-Silageanbau zur Biogasgewinnung erfährt im Szenario zur Bioenergieförderung einen leichten Zugewinn.

Für die Region Soltau-Fallingbostel (Tabelle 4) zeigen die Ergebnisse für das Szenario Ölpreisanstieg einen Rückgang der Weizen-, Triticale-, Hafer-, Zuckerrüben- und Rapsanbauflächen bei gleichzeitiger Ausweitung des Nahrungsmittelanbaus in Form von Roggen, Körnermais und Speisekartoffeln sowie des Anbaus von Energieweizen für die energetische Nutzung. Im Szenario zum Nahrungsmittelpreisanstieg vergrößern sich die Roggen- und Speisekartoffelanbauflächen ebenfalls, aber auch Flächen mit Raps, Weizen, Zuckerrüben und Körnermais erfahren Zuwächse. Hafer und Energieweizen werden nicht mehr angebaut, Triticaleflächen schrumpfen. Im Szenario Bioenergieförderung wird der Energiepflanzenanbau in Form von Energiemais, GPS-Silage und Raps ausgeweitet. Die Nahrungsmittelproduktion verschiebt sich von Speisekartoffeln zu Roggen, Triticale und Weizen.

Tabelle 2: Landnutzungsverteilung im Havelland (in ha)

	Referenz-situation	Basis-szenario	Ölpreis-anstieg	Preisanstieg Nahrungs-mittel	Bioenergie-förderung
Zuckerrübe	1.330	1.219	1.210	1.243	1.207
Energierübe	0	0	0	0	0
Speisekartoffeln	739	893	910	1.071	1.071
Stärkekartoffeln	0	0	73	53	53
Frühkartoffeln	7	0	0	0	0
Stilllegung	6.183	6.061	0	0	0
Raps	7.653	8.102	6.530	9.002	9.002
GPS-Silage	48	96	157	157	475
Silomais (Futter/Silage)	8.031	7.350	7.339	7.367	7.320
Energiemais (Biogas)	0	425	423	492	1.331
Körnermais	1.213	0	0	712	0
Weizen	10.521	10.882	24.768	23.508	23.160
Energieweizen	0	0	0	0	0
Roggen	13.207	16.929	11.692	8.761	8.717
Energieroggen	0	0	0	0	0
Gerste	5.033	3.955	3.147	4.347	4.027
Hafer	1.980	1.577	1.211	762	1.141
Triticale	4.668	3.126	3.117	3.139	3.110
Sudangras	0	0	36	0	0
Hybrid Sorghum	0	0	0	0	0
Sonnenblumen	0	0	0	0	0
Ackergras	0	4.511	4.511	4.511	4.512

Tabelle 3: Landnutzungsverteilung in der Region Braunschweig-Hildesheim (ha)

	Referenz-Situation	Basis-Szenario	Ölpreis-anstieg	Preisanstieg Nahrungsmittel	Bioenergie-Förderung
Zuckerrübe	27.864	24.349	24.364	24.388	24.352
Energierübe	0	0	0	0	0
Speisekartoffeln	335	1.227	1.209	1.212	1.218
Stärkekartoffeln	889	853	853	853	853
Frühkartoffeln	0	0	0	0	0
Stilllegung	10.674	10.674	0	0	0
Raps	2.181	3.416	1.094	4.708	3.325
GPS-Silage	0	266	266	266	798
Silomais (Futter/Silage)	687	140	140	140	140
Energiemais (Biogas)	0	952	952	952	2.855
Körnermais	199	33	148	144	71
Weizen	65.822	65.391	78.553	76.857	75.711
Energieweizen	0	0	0	0	0
Roggen	737	0	0	0	0
Energieroggen	0	0	0	0	0
Gerste	9.591	12.643	12.364	10.423	10.619
Hafer	444	0	0	0	0
Triticale	434	0	0	0	0
Sudangras	0	0	0	0	0
Hybrid Sorghum	0	0	0	0	0
Sonnenblumen	0	0	0	0	0
Ackergras	605	518	518	518	518

In der Region Emsland mit Intensivtierhaltung (Tabelle 5) sind Veränderungen bei der Futteranbaufläche zu erkennen. So nimmt die Anbaufläche für Gerste in allen Szenarien ab, und der Roggenanbau wird ausgeweitet. Im Szenario zum Nahrungsmittelpreisanstieg wechselt die Anbaustruktur zudem von Weizen zu Kartoffeln und Raps sowie von GPS-Silage zu Energiemais. Im Szenario zur Bioenergieförderung hingegen profitiert zudem der Energiepflanzenanbau (Energiemais, GPS-Silage) zulasten der Futteranbaufläche.

Tabelle 4: Landnutzungsverteilung in der Region Soltau-Fallingbostel (ha)

	Referenz-Situation	Basis-Szenario	Ölpreis-anstieg	Preisanstieg Nahrungs-mittel	Bioenergie-Förderung
Zuckerrübe	2.480	2.173	1.743	2.183	2.185
Energierübe	0	0	0	0	0
Speisekartoffeln	2.685	2.377	5.332	4.345	0
Stärkekartoffeln	2.627	2.477	2.487	2.509	2.486
Frühkartoffeln	28	0	0	0	0
Stilllegung	6.556	6.555	0	0	0
Raps	2.083	248	0	1.735	3.121
GPS - Silage	0	1.192	1.192	1.192	3.582
Silomais (Futter/Silage)	11.530	9.985	9.983	9.979	9.980
Energiemais (Biogas)	0	3.763	3.763	3.763	11.218
Körnermais	635	0	1.720	3.376	0
Weizen	3.737	5.074	1.879	5.197	5.560
Energieweizen	0	1.336	3.020	0	0
Roggen	10.602	10.325	15.562	12.249	7.235
Energieroggen	0	0	0	0	0
Gerste	11.303	10.606	10.606	10.606	10.606
Hafer	1.035	337	0	0	0
Triticale	4.597	3.047	2.208	2.364	3.526
Sudangras	0	0	0	0	0
Hybrid Sorghum	0	0	0	0	0
Sonnenblumen	0	0	0	0	0
Ackergras	2.409	2.811	2.811	2.810	2.807

3.1 Ölpreisszenario

Die Landnutzung, die sich infolge steigender Ölpreise in den betrachteten Regionen ergibt, ist in Tabelle 6 aufgeführt. Alle Stilllegungsflächen werden wieder bewirtschaftet, ansonsten zeigen die Szenarienergebnisse teils unterschiedliche Entwicklungen zwischen den Regionen auf. In Bezug auf die Bioenergieproduktion ist hervorzuheben, dass – bis auf den Rapsanbau im Emsland sowie den Energieweizenanbau in der Region Soltau-Fallingbostel – der Energiepflanzenanbau in dem Szenario Ölpreisanstieg in allen Regionen keine nennenswerte Ausweitung der Anbaufläche erfährt. Dagegen sind starke Zunahmen der Anbauflächen beim Anbau von Nahrungsprodukten, insbesondere von Weizen in den Regionen Havelland und Braunschweig-Hildesheim sowie von Roggen,

Kartoffeln im Emsland und Roggen, Kartoffeln und Körnermais in der Region Soltau-Fallingbostel zu beobachten.

Tabelle 5: Landnutzungsverteilung in der Region Emsland (ha)

	Referenz-situation	Basis-szenario	Ölpreis-anstieg	Preisanstieg Nahrungs-mittel	Bioenergie-förderung
Zuckerrübe	154	138	138	138	138
Energierübe	0	0	0	0	0
Speisekartoffeln	1.530	542	3.250	2.399	2.559
Stärkekartoffeln	18.970	17.910	17.853	17.881	17.842
Frühkartoffeln	4	0	0	0	0
Stilllegung	8.634	8.634	0	0	0
Raps	510	573	2.073	3.805	0
GPS - Silage	0	2.454	2.441	1.210	3.670
Silomais (Futter/Silage)	30.134	19.030	19.032	19.032	19.034
Energiemais (Biogas)	0	2.786	2.797	3.743	11.218
Körnermais	22.032	23.886	23.886	23.886	23.886
Weizen	7.111	9.638	9.293	1.726	10.180
Energieweizen	0	0	0	0	0
Roggen	4.062	2.245	15.719	15.633	13.304
Energieroggen	0	0	0	0	0
Gerste	15.690	23.595	14.951	21.980	9.604
Hafer	649	0	0	0	0
Triticale	4.983	3.364	3.364	3.364	3.364
Sudangras	0	0	0	0	0
Hybrid Sorghum	0	0	0	0	0
Sonnenblumen	0	0	0	0	0
Ackergras	4.968	4.632	4.633	4.633	4.632

Der Futterbau zeigt hingegen in den meisten Regionen eine rückläufige Tendenz. Der Ölpreisanstieg führt in den vom Ackerbau dominierten Regionen Havelland, Braunschweig-Hildesheim und Soltau-Fallingbostel zur Verstärkung der existierenden Produktionsmuster und einer weiteren Verengung der Fruchtfolgen. Ohne eine zusätzliche Förderung von RME und Biodiesel wird die Rapsanbaufläche bei steigendem Ölpreis reduziert und stattdessen für den Getreideanbau genutzt. Dies erklärt sich durch den hohen Anteil der Energiekosten an den Verfahrenskosten beim Rapsanbau. Der Zuckerrübenanbau bleibt wettbewerbsfähig. Lediglich auf den leichten Böden in Soltau-Fallingbostel verliert Zuckerrübe an Vorzüglichkeit mit steigenden Ölpreisen, da die Kosten für Bewässerung und Transport der Rüben ansteigen. Auch Weizen weicht in dieser

Auswirkungen des Öl- und Nahrungsmittelpreisanstiegs 49

Region aufgrund seiner relativ hohen Standortansprüche und seines vergleichsweise niedrigen Ertragsniveaus dem Roggenanbau.
In allen Regionen bleibt der Energierübenanbau unattraktiv. Speise- und Stärkekartoffeln werden unvermindert angebaut, um existierende Anbauverträge zu erfüllen. Die Anbauflächen von Silomais, Grassilage, Roggen-GPS und Körnermais für die Biogasproduktion bleiben stabil, da ihre Produkte für bereits existierende Biogasanlagen und Tierhaltungsbetriebe benötigt werden.

Tabelle 6: Relative Änderung der Landnutzungsverteilung bei Ölpreissteigerung (in Prozent der gesamten Ackerfläche)

	Havelland	Braunschweig-Hildesheim	Soltau-Fallingbostel	Emsland
Zuckerrübe	0	0	-0,7	0
Energierübe	0	0	0	0
Speisekartoffeln	0	0	+4,7	+2,3
Stärkekartoffeln	+0,1	0	0	0
Frühkartoffeln	0	0	0	0
Stilllegung	-9,3	-8,9	-10,5	-7,2
Raps	-2,4	-1,9	-0,4	+1,3
GPS – Silage	+0,1	0	0	0
Silomais (Futter/Silage)	0	0	0	0
Energiemais (Biogas)	0	0	0	0
Körnermais	0	+0,1	+2,8	0
Weizen	+21,3	+10,9	-5,1	-0,3
Energieweizen	0	0	+2,7	0
Roggen	-8,0	0	+8,4	+11,3
Energieroggen	0	0	0	0
Gerste	-1,2	-0,2	0	-7,2
Hafer	-0,6	0	-0,5	0
Triticale	0	0	-1,3	0
Sudangras	+0,1	0	0	0
Hybrid Sorghum	0	0	0	0
Sonnenblumen	0	0	0	0
Ackergras	0	0	0	0

3.2 Szenarien mit Nahrungsmittelpreisanstieg

Die Simulationsergebnisse für das Szenario zur Erhöhung der Nahrungsmittelpreise (Tabelle 7) zeigen, abgesehen von der allgemeinen erneuten Bewirtschaftung der Stilllegungsflächen, ebenfalls je nach Region sehr unterschiedliche Auswirkungen auf die Landnutzungsverteilung.

Tabelle 7: Relative Änderung der Landnutzungsverteilung bei Steigerung der Nahrungsmittelpreise (in Prozent der gesamten Ackerfläche)

	Havelland	Braunschweig-Hildesheim	Soltau-Fallingbostel	Emsland
Zuckerrübe	0	0	0	0
Energierübe	0	0	0	0
Speisekartoffeln	+0,3	0	+3,2	+1,6
Stärkekartoffeln	0,1	0	0	0
Frühkartoffeln	0	0	0	0
Stilllegung	-9,3	-8,9	-10,5	-7,2
Raps	+1,4	+1,1	+2,4	+2,7
GPS – Silage	+0,1	0	0	-1,0
Silomais (Futter/Silage)	0	0	0	0
Energiemais (Biogas)	+0,1	0	0	+0,8
Körnermais	+1,1	+0,1	+5,4	0
Weizen	+19,4	+9,5	+0,2	-6,6
Energieweizen	0	0	-2,1	0
Roggen	-12,5	0	+3,1	+11,2
Energieroggen	0	0	0	0
Gerste	+0,6	-1,8	0	-1,4
Hafer	-1,3	0	-0,5	0
Triticale	0	0	-1,1	0
Sudangras	0	0	0	0
Hybrid Sorghum	0	0	0	0
Sonnenblumen	0	0	0	0
Ackergras	0	0	0	0

Im Havelland ergibt sich eine Ausweitung der Anbauflächen der Nahrungsmittelkulturen Weizen, Körnermais, Gerste und Kartoffeln sowie der Energiepflanzen Raps, Energiemais und GPS-Silage. Die Anbauflächen von Nahrungsmitteln mit geringerer Vergütung wie Roggen und Hafer werden verkleinert. In der intensiv ackerbaulich bewirtschafteten Region Braunschweig-Hildesheim werden die bestehenden Produktionsmuster mit einer Ausweitung der Weizenanbaufläche gefestigt, der Rapsanbau erfährt einen leichten Zuwachs. In der Region Soltau-Fallingbostel vergrößern sich bei denselben Szenarioannahmen die Anbauflächen von Speisekartoffeln und Raps, welcher in der Region eine relative Vorzüglichkeit aufweist, und der ertragstarken Kulturen Roggen und Körnermais zulasten der unattraktiveren, da ertragsschwächeren Getreidearten Energieweizen, Hafer und Triticale. Die Region Emsland zeigt eine ähnliche Entwicklung, wobei die Anbaufläche des ertragsschwächeren Weizens zugunsten des Roggenanbaus verringert wird.

Auswirkungen des Öl- und Nahrungsmittelpreisanstiegs

In allen betrachteten Regionen gewinnt in diesem Szenario der Energiepflanzenanbau bis auf mit Ausnahme des Rapsanbaus sowie, im Emsland, des Energiemaisanbaus, kaum an Bedeutung

3.3 Szenarien mit Förderung der Bioenergieproduktion

Auch eine zusätzliche Förderung der Bioenergieproduktion hat je nach Region in den Simulationsrechnungen unterschiedliche Auswirkungen (siehe Tabelle 8). In allen Regionen werden Stilllegungsflächen wieder bewirtschaftet. Im Havelland und insbesondere in Soltau-Fallingbostel, Regionen mit leichten Böden, steigt der Anbau von Raps (z.B. für Biodiesel). Der Anbau von Roggen und Hafer für Nahrungsmittel ist auf die energetische Nutzung umgeschwenkt, d.h. auf Energiemais und GPS-Silage. Im Havelland profitiert aber insbesondere der Weizenanbau, so dass der Energiepflanzenanbau sich insgesamt nur mäßig ausweitet.

In Braunschweig-Hildesheim als einer Region mit sehr fruchtbaren Böden zeigt die zusätzliche Bioenergieförderung im Szenario kaum Wirkung. Für die Energieproduktion steigern sich lediglich die Flächen für Energiemais und GPS-Silage etwas. Selbst in diesem Szenario vergrößern sich vor allem die Weizenanbauflächen zur Nahrungsproduktion.

Das Emsland schließlich zeigt einen deutlichen Anstieg der Anbauflächen von Energiemais und GPS-Silage für die Biogasproduktion. Der Roggenanbau wird stark gesteigert. Zugleich verkleinern sich Flächen mit Raps- und Gerstenanbau. Auch unter den Energiepflanzen genießt der Rapsanbau nicht den Vorzug.

Tabelle 8: *Relative Änderung der Landnutzungsverteilung bei Bioenergieförderung (in Prozent der gesamten Ackerfläche)*

	Havelland	Braunschweig-Hildesheim	Soltau-Fallingbostel	Emsland
Zuckerrübe	0	0	0	0
Energierübe	0	0	0	0
Speisekartoffeln	+0,3	0	-3,8	+1,7
Stärkekartoffeln	+0,1	0	0	-0,1
Frühkartoffeln	0	0	0	0
Stilllegung	-9,3	-8,9	-10,5	-7,2
Raps	+1,4	-0,1	+4,6	-0,5
GPS – Silage	+0,6	+0,4	+3,8	+1,0
Silomais (Futter/Silage)	0	0	0	0
Energiemais (Biogas)	+1,4	+1,6	+12,0	+7,1
Körnermais	0	0	0	0
Weizen	+18,9	+8,6	+0,8	+0,5
Energieweizen	0	0	-2,1	0
Roggen	-12,6	0	-5,0	+9,3
Energieroggen	0	0	0	0
Gerste	+0,1	-1,7	0	-11,7
Hafer	-0,7	0	-0,5	0
Triticale	0	0	+0,8	0
Sudangras	0	0	0	0
Hybrid Sorghum	0	0	0	0
Sonnenblumen	0	0	0	0
Ackergras	0	0	0	0

3.4 Auswirkungen auf den regionalen Gewinnbeitrag

Die vorgestellten Änderungen in der Verteilung der Landnutzung schlagen sich, wie in Tabelle 9 gezeigt, auf die regional in der Landwirtschaft erwirtschafteten Gewinnbeiträge nieder.

Im Szenario Ölpreisanstieg führen die steigenden Erlöse für Agrarprodukte zu einer Überkompensation der steigenden Produktionskosten. Dies führt in der Region Braunschweig-Hildesheim mit hoher Bodenfruchtbarkeit und intensivem Ackerbau zu besonders hohen Gewinnbeitragsanstiegen. In den anderen Szenarios ist ebenfalls ein Anstieg der Gewinnbeiträge in den Regionen zu verzeichnen, und zwar stärkere Anstiege in intensiv bewirtschafteten Ackerbauregionen als in ertragsschwächeren Regionen mit gemischten Produktionssystemen. So weist die Region Havelland mit den flächenmäßig größten Betriebsstrukturen aber einer relativ extensiven Flächenbewirtschaftung in allen Szenarien den geringsten Gewinnbeitragsanstieg auf. Ein Anstieg der Nahrungsmittelpreise führt in allen betrachteten Regionen zu den vergleichsweise höchsten Gewinnbeitragssteigerungen in der landwirtschaftlichen Produktion.

Auswirkungen des Öl- und Nahrungsmittelpreisanstiegs 53

Tabelle 9: *Änderung des regional erwirtschafteten Gewinnbeitrags in den Szenarien (in 1.000 € und in Prozent)*

Szenarien Regionen	Basisszenario	Ölpreisanstieg	Bioenergie-förderung	Nahrungsmittel-preisanstieg
Havelland	29.852	34.085 (+14%)	35.456 (+19%)	43.409 (+45%)
Soltau-Fallingbostel	13.748	21.106 (+54%)	24.801 (+80%)	32.044 (+133%)
Braunschweig-Hildesheim	57.739	143.087 (+148%)	114.409 (+98%)	160.304 (+178%)
Emsland	43.058	57.909 (+34%)	59.133 (+37%)	80.398 (+87%)

4. Diskussion

Die Ergebnisse zeigen sehr ausgeprägte Auswirkungen auf die Landnutzungsverteilung, welche sich zudem merklich zwischen Regionen mit unterschiedlichen Ressourcenausstattungen unterscheidet. In Szenarien mit steigenden Ölpreisen wird deutlich, dass unter den angenommenen Preis-Mengengerüsten ein Ölpreisanstieg nicht den Energiepflanzenanbau begünstigt. Dieser Trend ist in Regionen mit hoher Bodenfruchtbarkeit und intensiver Bewirtschaftung besonders deutlich zu erkennen. Steigende Ölpreise führen in den betrachteten Szenarien zu höheren Preisen für Nahrungsmittel und Energiepflanzen, wobei die Preise für Nahrungsmittel stärker ansteigen, als die Preise für Energiepflanzen. Dieses erhöht die Rentabilität von Nahrungsmittelkulturen gegenüber Energiepflanzen. Wenn der Ölpreis steigt, sinkt die Produktion von Non-Food-Raps aufgrund des hohen Energieeinsatzes beim Anbau in den meisten Regionen. Dadurch wird die Biodiesel-Wertschöpfungskette verändert. Bezüglich der Ethanol-Wertschöpfungskette wird die Verkleinerung der Rapsanbaufläche für Biodiesel von einer Vergrößerung der Getreideanbaufläche für Ethanol begleitet, wenn der Ölpreis steigt. Insgesamt erhöht sich in den Szenarien bei steigenden Ölpreisen das Risiko von Versorgungsengpässen für Bioenergieanlagen in Regionen mit hohen ackerbaulichen Ertragspotenzialen. Eine Ausnahme sind Bioenergieanlagen, die mit Rohstoffimporten oder Koppelprodukten aus der regionalen Ackerproduktion, wie beispielsweise Stroh oder Rübenblätter, betrieben werden.

Szenarien mit steigenden Nahrungsmittelpreisen geben einer Steigerung des Energiepflanzenanbaus wenig Raum. Die Szenariosimulationen zeigen, dass sich der Bioenergiesektor nur im nennenswerten Maß weiter entwickeln kann, wenn die Förderungen und/oder Effizienzsteigerungen in der Produktion beibehalten oder gesteigert werden. Die größten Effekte solcher Verbesserungen können in Regionen mit Mischbetrieben und Böden geringer bis mittlerer Qualität und mit geringer bis mittlerer Bearbeitungsintensität beobachtet werden. Als Schlussfolgerung lässt sich feststellen, dass der Anstieg von Öl- und Nahrungsmittelpreisen mögliche Entwicklungen darstellen, die unmittelbar die Rentabilität von Landwirtschaft und Energiepflanzenproduktion beeinflussen, und damit einen wesentlichen Unsicherheitsfaktor für die Bioenergiewirtschaft darstellen. In der Vergangenheit wurde der Anstieg des Ölpreises als ein gewichtiges Argument für die Förderung der Bioenergieproduktion betrachtet. Die Konkurrenz zwischen Nahrungs- und Bioenergieerzeugung um die knappen Ressourcen im ländlichen Raum hat seit kurzem Zweifel erweckt, ob mit der Produktion von Bioenergie die richtige Strategie verfolgt wird. Die Analyse zeigt, dass, wenn die Ölpreise steigen, die Produktion von Nahrungsmitteln dazu tendiert, attraktiver zu sein als die Produktion von Bioenergie. Dies wird bestärkt durch die seit neustem festzustellende Entwicklung steigender Preise von Nahrungsmitteln. Fördermaßnahmen der Bioenergieerzeugung können kaum dem Einfluss steigender Öl- und Nahrungsmittelpreise entgegenwirken. Bestehende und geplante Investitionen in Bioenergiekapazitäten sind daher einem erheblichen Risiko ausgesetzt. Die Untersuchung zeigt, dass der Einfluss der beschriebenen externen Faktoren, Ölpreis, Nahrungsmittelpreise und staatliche Fördermaßnahmen, je nach betrieblicher und regionaler Ausstattung von Ressourcen, sehr unterschiedlich sein kann. Dies hat zur Folge, dass die Chancen und Risiken neuer Entwicklungen für den Bioenergiesektor sich von Region zu Region immens unterscheiden. Künftige Untersuchungen zu den Möglichkeiten und Risiken der Bioenergieproduktion sollten daher auch unter dem Fokus regionaler Besonderheiten erstellt werden.

5. Zusammenfassung

Die Entscheidungsfindung in der landwirtschaftlichen Bioenergie-Branche wird maßgeblich bestimmt durch Energiekosten, Preisentwicklungen im Nahrungsmittelanbau sowie Fördermaßnahmen für die Produktion und energetische Nutzung der Biomasse. Eine Veränderung dieser Faktoren beeinflusst die Wettbewerbsfähigkeit des Energiepflanzenanbaus. Wird dies nicht berücksichtigt, beispielsweise bei Prognosen zur Verfügbarkeit von Biomasse, kann es zu gravierenden Fehleinschätzungen der Chancen und Risiken sowie zu Fehlern bei der Ressourcenallokation kommen.

Für mehrere Regionen in Deutschland werden in Szenarien die Auswirkungen auf den Energiepflanzenanbau sowie die Nutzung von Land und Ressourcen betrachtet, welche sich infolge stark steigender Energiekosten, steigender Nahrungsmittelpreise sowie der andauernden Förderung der Bioenergieproduktion ergeben. Die Vorgehensweise umfasst:

- die Definition der Simulations-Szenarien,
- die Simulation der zukünftigen Ressourcennutzung mithilfe multikriterieller Modelle,
- die Analyse der Auswirkungen veränderter Rahmenbedingungen auf den Energiepflanzenanbau und der daraus resultierenden Rohstoffverfügbarkeit für die Bioenergieproduktion, und
- die Bewertung ökonomischer Auswirkungen sich ändernder Energiekosten, Nahrungsmittelpreise und Förderungsmaßnahmen.

Die Ergebnisse verdeutlichen, dass Landwirte und regionale Entscheidungsträger empfindlich auf veränderte Energiekosten reagieren. Bei der Planung der Ressourcennutzung auf betrieblicher und regionaler Ebene und ihrem Einsatz für den Energiepflanzenanbau unterminieren Ölpreissteigerungen die vorhandenen Fördermaßnahmen. Die Ergebnisse bestätigen, dass die Fördermaßnahmen der Hauptantrieb für die Entwicklung des landwirtschaftlichen Energie-Sektors sind. Die Anpassung der Ressourcennutzung und die resultierende Biomasseverfügbarkeit für die Energieproduktion variieren in Abhängigkeit von den regionalen und den betrieblichen Charakteristika und der Ressourcenausstattung.

Die ex-ante Abschätzung der regionalen Rohstoffverfügbarkeit für die Bioenergieproduktion bei sich ändernden Rahmenbedingungen leistet einen wesentlichen Beitrag zur Risikominderung durch Information. Die Erkenntnisse sind hilfreich, um Aktivitäten im Bioenergiesektor zu planen, die bezüglich wechselnder ökonomischer und politischer Bedingungen weniger risikoreich sind.

Literatur

Davis, J. und Haglund, C. (1999): Life cycle inventory (LCI) of fertiliser production. Fertiliser Products used in Sweden and Western Europe. SIK-Report No. 654, The Swedish Institute for Food and Biotechnology.
Euroobserv'er (2006): 6th Report Euroobsver'er. State of Renewable Energies in Europe. http://www.energies-renouvelables.org/observ-er/stat_baro/barobilan/barobilan6.pdf.
European Commission (1997): Communication from the Commission. Energy for the future: renewable sources of energy: White paper for a community strategy and action plan. COM (1997) 599 final. Brüssel, 26.22.1997.
European Commission (2007): Communication from the Commission to the Council and the European Parliament. Renewable energy road map – Renewable energies in the 21st century: building a more sustainable future. COM (2006) 848 final. Brüssel, 10.01.2007.

Green, M.B. (1987): Energy in pesticide manufacture, distribution and use. In: Helsel, Zane R. (Hrsg.): Energy in plant nutrition and pest control. Amsterdam: Elsevier, 165-177.

Grundmann, Philipp und Christian Kimmich (2008): Ausbau der Energiepflanzennutzung und regionale Flächenkonkurrenz. Gutachten für den Deutschen Bundestag/Büro für Technikfolgen-Abschätzung beim Deutschen Bundestag (TAB). TA-Projekt „Chancen und Herausforderungen neuer Energiepflanzen".

Grundmann, Philipp, Hilde Klauss und Mathias Schindler (2008): Modellanwendung zur ökonomischen Bewertung von Biomassepfaden. In: Endbericht zum Projekt SUNREG I – Biomasse für SunFuel®, Volkswagen AG, Wolfsburg.

Hazell, Peter B.R. und Roger D. Norton (1986): Mathematical programming for economic analysis in agriculture (Biological resource management). New York, London: McGraw Hill Higher Education.

Kaltschmidt, Martin und Guido A. Reinhardt (1997): Nachwachsende Energieträger. Grundlagen, Verfahren, ökologische Bilanzierung. Vieweg: Braunschweig, Wiesbaden.

Nikolaou, Anastasia, Michaela Remrova und Ilian Jeliazkov (2003): Biomass availability in Europe. Project Report. Centre for Renewable Energy Sources. http://europa.eu.int/

Patyk, Andreas und Guido A. Reinhardt (1997): Düngemittel – Energie und Stoffstrombilanzen. Vieweg: Braunschweig, Wiesbaden.

Schindler, Mathias (2008): Ökonomische Beurteilung des Anbaupotenzials für Biomasse in drei ausgewählten Regionen Niedersachsens. In: Endbericht zum Projekt SUNREG I – Biomasse für SunFuel®, Volkswagen AG. Landwirtschaftskammer Niedersachsen, Hannover.

Scholz, Volkhard und Peter Kaulfuß P (1995): Energiebilanz für Biofestbrennstoffe. Forschungsbericht 1995/3, Institut für Agrartechnik Bornim e.V., Potsdam.

Siemons, Roland, Martijn Vis, Douwe van den Berg, Ian Mc Chesney, Mark Whiteley und Natassa. Nikolaou (2004): Bio-energy's role in the EU energy market. A view of developments until 2020. Report to the European Commission. http://ec.europa.eu/energy/res/sectors/doc/bioenergy/bioenergy_role_2000_2010_2020.pdf.

Lohnt sich der Energiepflanzenbau noch aus einzelbetrieblicher Sicht?

Andreas Dubois

1. Die Unternehmensgruppe der agt Agrargenossenschaft Trebbin eG

Die *agt* Agrargenossenschaft Trebbin eG ist ein reines Dienstleistungsunternehmen mit technischen, landwirtschaftlichen und kaufmännischen Serviceleistungen im ländlichen Raum und befindet sich ca. 35 km vor den Toren Berlins. Diese Dienstleistungen werden am freien Markt und an Tochtergesellschaften verkauft. Im Unternehmensverbund wird unter anderem landwirtschaftliche Produktion und eine landwirtschaftliche Biogasanlage betrieben.

In der Muttergesellschaft, der Agrargenossenschaft Trebbin eG werden u.a. folgende Dienstleistungen ausgeführt:

- Technische Dienstleistungen: Service an Betriebsmitteln, Landtechnik, Nutz- und Personenkraftfahrzeugen, Lackierung/Heizung Sanitär/Hotel
- Vertrieb: Treibstoffe/Baumaschinen
- Kaufmännische Dienstleistungen: Strategische und operative Führung, inkl. Buchführung aller Tochtergesellschaften
- Landwirtschaftliche Dienstleistungen: für Tochterunternehmen (70%) und freien Markt (30%).

Zur Unternehmensgruppe gehören neben der Muttergesellschaft sieben Tochterunternehmen und zwei Beteiligungsunternehmen mit einem jährlichen Umsatz (inkl. Fördergelder) in 2008 von ca. 22,0 Mio. EURO. Davon werden ca. 6,6 Mio. EURO in der reinen landwirtschaftlichen Produktion umgesetzt. In der Gruppe sind insgesamt ca. 150 Mitarbeiter beschäftigt.

2. Die landwirtschaftliche Produktion der agt Agrargenossenschaft Trebbin eG

Die landwirtschaftliche Produktion der agt Agrargenossenschaft Trebbin eG basiert zum überwiegenden Teil auf langfristigen Pachtverträgen. Das heißt, einzelne unwirtschaftliche Flächen sind nur schwer teilkündbar.

In 2008 wurden insgesamt 4.140,1 ha bewirtschaftet. Davon ist ein wesentlicher Teil Grünland (1.269,4 ha bzw. 30,7%). Die Ackerzahlen liegen im Durchschnitt bei 23 und schwanken von 22 bis 27. Die durchschnittliche Grünlandzahl beträgt 27.

Die jährliche durchschnittliche Niederschlagsmenge beträgt 500 mm. Die Niederschläge sind zunehmend schlechter verteilt. Es mehren sich trockenere Sommer und feuchtere Winter. Die Witterungsschwankungen haben in den letzten Jahren stark zugenommen.

Aufgrund der geringen Bodenwerte, des hohen Grünlandanteils, der Witterungsveränderungen und des hohen Pachtanteils bei der Produktionsgrundlage Boden stellte sich die *agt* das Ziel der Drittelung ihrer Flächenproduktion:

– Nutzung 1/3 der Nutzflächen für Marktfruchtproduktion
– Nutzung 1/3 der Nutzflächen für Veredelung über Milchproduktion
– Nutzung 1/3 der Nutzflächen für Veredelung über Energieproduktion.

Dabei erfolgt die Ausführung aller notwendigen Leistungen in Futter- und Marktfruchtproduktion durch den Fachbereich landwirtschaftliche Dienstleistungen der Muttergesellschaft bzw. durch Schwestergesellschaften zu Selbstkostenpreisen.

Diese Selbstkostenpreise sind nicht nur von der Entwicklung äußerer Einkaufspreise abhängig, sondern schwanken in Abhängigkeit vom Ertragsniveau, d.h. die Preise schwanken stark von Jahr zu Jahr. Dies ist bei der Gegenüberstellung von Kosten und Erträgen in verschiedenen Bewertungsrastern zu beachten.

Die Ausführung der Leistungen in Milch- und Fleischproduktion erfolgt durch eigene Mitarbeiter der Tochtergesellschaft.

3. agt agrar GmbH Trebbin – Produktion von Futter, Milch, Fleisch und Marktfrüchten

Die agt agrar GmbH Trebbin ist das wichtigste landwirtschaftliche Unternehmen in der Unternehmensgruppe. Der Schwerpunkt der Gesellschaft liegt in der Futter- und Marktfruchtproduktion sowie der Veredelung über Milch- und Fleischproduktion.

Die Flächenausstattung dieses Unternehmens entwickelte sich in den letzten Jahren wie folgt dargestellt:

Lohnt sich der Energiepflanzenbau noch aus einzelbetrieblicher Sicht?

Tabelle 1: Flächenentwicklung der agt agrar GmbH Trebbin

		2004/2005	2005/2006	2006/2007	2007/2008
Ackerfläche	ha	2.886,2	2.951,4	2.950,1	2.934,4
Grünland	ha	570,4	612,4	608,3	686,7
LN gesamt	**ha**	**3.456,6**	**3.563,8**	**3.558,4**	**3.621,2**
		100%	103,1%	102,9%	104,8%

Die landwirtschaftliche Nutzfläche schwankte in den letzten Jahren teils durch Flächenzugang aus anderen Unternehmen, teils durch Flächenabgang in Versiegelung. Zunehmend ist jedoch Flächenabgang zu erwarten; das Unternehmen befindet sich ca. 30 km vor den Toren Berlins.

4. Entwicklung der Anbaustruktur in der agt Unternehmensgruppe ab 2005

Die Anbaustruktur in der Unternehmensgruppe wurde in den letzten Jahren aufgrund der zu erwartenden Preis- und Witterungsbedingungen sowie in Vorbereitung auf die verschiedenen Absatzziele und Veredelungswege wie nachfolgend dargestellt gestaltet:

Tabelle 2: Anbaustrukturentwicklung der agt Unternehmensgruppe

	2005	2006	2007	2008
Getreide (WiRo/SoRo/WiGe/Triticale)	35,5%	34,0%	38,1%	40,4%
Eiweiß (Erbsen/Lupinen)	5,9%	6,0%	0,4%	2,0%
Ölfrüchte (Raps/Öllein)	12,3%	8,7%	8,7%	13,0%
Mais ges.	26,5%	29,3%	31,6%	27,8%
Sonstiges (Luz/AckGr/Gemüse/SudGr)	8,8%	10,4%	11,9%	8,9%
Stilllegung und aus der Produktion genommen	11,1%	11,6%	9,3%	7,9%
Ackerfläche	100,0%	100,0%	100,0%	100,0%

Bei prozentualer Gegenüberstellung der Flächenanteile zur Ausschaltung der Gesamtanbauflächenschwankungen ist für die dargestellten Jahre folgende Tendenz zu erkennen:
  Die Getreideflächen wurden aufgrund der Preisentwicklungen am freien Markt zu Lasten der Stilllegungsflächen ausgedehnt. Die Eiweißflächen wurden zugunsten von Ölfrüchten und Mais gemindert. Die sonstigen Flächen und Stilllegungsflächen sind gemindert worden – hierin enthalten ist die Aufgabe der Gemüseproduktion (Wurzelgemüse) auf vormals 100 ha. Alternativ wurden auf

den schlechtesten Standorten Sudangras und Zuckerhirse zur Produktion von nachwachsenden Rohstoffen angebaut.

2. agt bio energy GmbH – Produktion von Biogas/Energie und Wärme

Nachfolgend die Beschreibung des technologischen Aufbaus und die wesentlichsten technischen Daten der Biogasanlage der agt bio energy GmbH. Ein Überblick über die Biogasanlage ist in Bild 1 gegeben.

Bild 1: Gesamtansicht der Biogasanlage

Die Fütterung der Anlage erfolgt vollautomatisiert stündlich über Havelberger Annahmedosierer (H-100, Fassungsvermögen max. 100 m^3) mit Fräswalzenaustrag und elektronischer Waage über eine Förderanlage in Einpressschnecken der beiden Fermenter. Aus der Vorgrube (geschlossener Stahlbetonbehälter, Nutzvolumen ca. 230 m^3) werden Zusatzstoffe und Gülle gefüttert.

Die beiden Stahlbeton-Fermenter mit einem Fassungsvermögen von je 1.400 m^3 sind mit Fußboden- und Ringrohrheizung, sowie je einem Paddel- und einem Tauchmotorrührwerk ausgestattet. Der Stahlbeton-Nachgärer hat ein Fassungsvermögen von 1.400 m^3 und ist ebenfalls mit Fußboden- und Ringrohrheizung sowie zwei Tauchmotorrührwerken ausgestattet.

Das Stahlbeton-Endlager hat ein Füllvolumen von 2.700 m^3 und ist ebenfalls mit Fußboden- und Ringrohrheizung sowie zwei Tauchmotorrührwerken ausgestattet. Zwischen den Behältern sind Pumpenhäuser aufgebaut. Im Zentralen Pumpenraum sind Gülleverteiler und eine Drehkolbenpumpe mit Schneidwerk

(Durchsatz 100 m³/h) sowie die Automatisierungseinrichtung für Fütterung und Pumpprozesse angeordnet.

Das BHKW-Gebäude ist ausgestattet mit 2 BHKW (Gasottomotoren á 536 kW DEUTZ TCG 2016 V12) mit Gasüberwachung, Motoren- und Generatorsteuerung sowie -überwachung. Zur Sicherheitsinstallation gehört eine neben dem Gebäude aufgestellte Notgasfackel mit einer Nennleistung von 700 m³/h. Die Gärbehälter einschließlich Endlager sind mit Gasspeichern abgedeckt und haben insgesamt ein Speichervolumen von 2.800 m³.

Tabelle 3: Wirtschaftliche Daten der Biogasanlage im Jahr 2008

Input	ca. 95 t/d
Rindergülle	50 m³/d
Maissilage	35 t/d
Grassilage	5 t/d
Hirse/Sudangras	5 t/d
Hydraulische Verweilzeit	69,7 d unter Einrechnung Endlager (erforderlich zur Grassilagevergärung)
Raumbelastung	2,35 kg oTS unter Einrechnung Endlager
Gasertrag	ca. 12.000 m³/d Biogas mit 53% Methangehalt
Stromertrag	24,0 MWh/d
Wärmeertrag	28,8 MWh/d (davon ca. 12 MWh/d für Eigenbedarf notwendig) Netto 16,8 MWh/d für künftigen Verkauf

3. agt bio energy GmbH – Energie versus Marktfrüchte

Ziel der Betrachtung ist zu ergründen: „Was hätten wir seit 2005 anders gemacht, wenn reine Marktfrüchte zu verkaufen wären?" und dazu die tatsächlichen Ergebnisse der Veredelung von Inputstoffen über Energieproduktion den möglichen Ergebnissen aus reinem Marktfruchtverkauf gegenüberzustellen.

Unsicher bleibt dabei, wie wir ohne heutiges Wissen über Preisentwicklungen und Witterungsverlauf damals möglicherweise andere Verträge geschlossen und

den Anbau anders ausgerichtet hätten. Diese Vergangenheitsbetrachtung muss unter Eliminierung folgender Einflüsse erfolgen:
- Selbstkosten sind erst mit Abschluss des Wirtschaftsjahres bekannt und sind nicht vergleichbar mit Kosten anderer Unternehmen. Fördermittel sind fallend, deshalb erfolgt Ansatz von Standardkosten ohne Beihilfen.
- Anbauflächen schwankend, deshalb erfolgt nur der Ansatz von Flächen, auf denen für Biogas produziert wurde.
- Von Witterung abhängige Ernteprodukte sind nicht eliminierbar; das Wissen ist heute vorhanden (die Ergebnisse sind deshalb eher besser, als zu erwarten gewesen wäre).
- Degressive AFA in agt bio energy, deshalb erfolgt Eliminierung und Rückrechnung auf gleichbleibende AFA.

4. Gegenüberstellung der Ausgangsdaten 2006

2005 wurden ausgehend von den Inputstoffen der Biogasanlage der Jahre 2006 und 2007 auf 836 ha Kosubstrate für die Fütterung der Biogasanlage angebaut. Die Anlage selbst wurde 2006 unter Einsatz von 50% Erdgas angefahren. Für den Vergleich wurde 100% Jahresleistung unterstellt und damit der Anfahrprozess mit Erdgas eliminiert. Dafür wurde die tatsächliche Leistung aus 2007 herangezogen. Die Inputstoffe sind in nachfolgender Tabelle 4 aufgeführt:

Tabelle 4: Inputstoffe Biogasanlage 2006 aus der Ernte 2005

	Menge (t)	Fläche (ha)	Preis EUR/t)	Ertrag (T-EUR)
Maissilage	10.847	449	25	271,2
Grassilage	3.028	144	36	109,0
Getreide	478	143	80	38,2
GPS / sonst.	1.521	100		71,9
Gesamt		836		490,3

Der Verkauf der Produkte erfolgte hauptsächlich vom landwirtschaftlichen Unternehmen agt agrar GmbH Trebbin an die agt bio energy GmbH zu den in der Tabelle aufgeführten Konditionen.

Aufgrund des Einsatzes verschiedener Früchte aus GPS, geringer Mengen Sudangras und Zuckerhirse erfolgt für GPS keine Durchschnittspreisbildung.

Der Gesamtumsatz der landwirtschaftlichen Unternehmen für den Verkauf der Kosubstrate betrug ohne Berücksichtigung von Fördermitteln 490,3 T-EUR.

Der daraus erzielte Umsatz aus Stromverkauf in der agt bio energy GmbH betrug 1.209,3 T-EUR.

Der Kostenanteil unter Berücksichtigung der Rückrechnung auf lineare AFA betrug 2006 in der agt bio energy GmbH 83,84 %.

Bei Absetzung der Standardherstellungskosten der landwirtschaftlichen Produktion vom erzielten Umsatz und der tatsächlichen Kosten der Stromproduktion ergibt sich folgender Gewinnanteil:

- in der agt agrar GmbH   134,3 T-EUR
- in der agt bio energy GmbH   199,8 T-EUR.

Damit wurde 2006 durch die Veredelung der Produkte von 836 ha über Stromverkauf insgesamt ein Gewinn in Höhe von 334,1 T-EUR erzielt. Der hierbei eingesparte Düngemittelwert in Höhe von ca. 30,8 T-EUR ist in der Gegenüberstellung nicht berücksichtigt.

Bei alternativem Verkauf der Früchte als Marktfrüchte wäre der Anbau auf 836 ha in 2005 anders gestaltet worden. Die Daten sind in nachfolgender Tabelle aufgeführt:

Tabelle 5: Theoretischer Anbau 2005 zur Vermarktung als Marktfrucht

	Menge (t)	Fläche (ha)	Preis (EUR/t)	Ertrag (T-EUR)
Roggen	716,6	249	80,7	57,8
Raps	467,2	200	210,1	98,2
Grassilage	0,0	144		
Getreide	478,0	143	80,7	38,6
GPS und sonst.	0,0	100	Stilllegungsflächen	
Gesamt	1.661,8	836		194,6

Roggen wäre auf 249 ha angebaut und mit 716,6 t geerntet worden. Bei damaligen Marktpreisen wäre damit ein Umsatz ohne Beihilfen in Höhe von 57,8 T-EURO erzielt worden.

Die Grassilage wäre auf 144 ha sicher teilweise geerntet worden, wäre aber nicht verkäuflich gewesen, sondern hätte auf Bestand gelegen.

Die GPS-Silage und sonstiges wären eher Stilllegungsflächen gewesen bzw. Anderweitig verwendet worden (Zwischenfrucht oder Mais).

Die Früchte aus dem Anbau 2005 wären in 2005 und Anfang 2006 abgesetzt worden. Damit wäre bei den damaligen Marktpreisen von 2005/Anfang 2006 ein Umsatz von 194,6 T-EUR erzielt worden.

Unter Beachtung der Standardherstellungskosten ergäbe sich damit ein Verlust von ca. ./. 116,2 T-EUR vor Beihilfen.

Grassilage wäre sicher im Bestand verblieben und teilweise im nächsten Jahr verbraucht worden. Dies ist bei der Gegenüberstellung unberücksichtigt geblieben.

Gegenüberstellung der Gewinnanteile 2006 bei verschiedenen Vermarktungsrichtungen

- Ergebnis aus Veredelung über Stromverkauf: 334,1 T-EUR
- Ergebnis aus theoretischem Verkauf über Marktfrüchte: ./. 116,2 T-EUR.

Daraus ergibt sich, dass der Absatz der Früchte über Stromproduktion in 2006 in Summe ca. 450,3 T-EUR mehr Gewinn erbrachte.

5. Gegenüberstellung der Ausgangsdaten 2007

Die zum Vergleich gewählten Inputstoffe 2007 aus Anbau und Ernte 2006, sowie der Gewinnanteil der Inputstoffe 2007 über den Energieabsatz sind gleich denen aus 2006.

Damit ergibt sich bei Absetzung der Standardherstellungskosten der landwirtschaftlichen Produktion vom erzielten Umsatz und der tatsächlichen Kosten der Stromproduktion folgender Gewinnanteil in 2007:
- in der agt agrar GmbH 134,3 T-EUR
- in der agt bio energy GmbH 199,8 T-EUR.

Damit wurde 2007 durch die Veredelung der Produkte von 836 ha über Stromverkauf insgesamt ein Gewinn in Höhe von 334,1 T-EUR erzielt. Der eingesparte Düngemittelwert beträgt 2007 durch gestiegene Preise für Dünger ca. 42,0 T-EUR. Dies ist in der Gegenüberstellung nicht berücksichtigt.

Bei alternativem Verkauf der Früchte als Marktfrüchte wäre der Anbau auf 836 ha in 2006 anders gestaltet worden. Die Daten sind in nachfolgender Tabelle aufgeführt:

Tabelle 6: Theoretischer Anbau 2006 zur Vermarktung als Marktfrucht

	Fläche (ha)	Standardherstellungskosten (EUR/ha)	Gewinnanteil (T-EUR)
Körnermais	449	561,0	406,8
Grassilage	144	103,0	./.14,8
Getreide	143	437,0	./.9,5
GPS und sonstige	100		./.26,8
GESAMT	**836**		**355,7**

Die Maisanbaufläche wäre sicher in 2006 als Körnermais geerntet worden und hätte unter Berücksichtigung von Standardherstellungskosten und damaligen Marktpreisen einen Gewinn vor Beihilfen von knapp 407 T-EUR erbracht.

Grassilage hätte wiederum sicher auf Bestand gelegen bzw. wäre teilweise nur gemulcht worden.

Getreide hätte unter Berücksichtigung von Standardherstellungskosten und damaligen Marktpreisen sicher einen Verlust vor Beihilfen von ca. 10 T-EUR erbracht. GPS und sonstiges wäre sicherlich als Stillegung oder anderweitig verwendet worden. Damit wäre mit den damaligen Kosten und Preisen ein Gewinn von 355,7 T-EUR vor Beihilfen erzielt worden.

Gegenüberstellung der Gewinnanteile 2007 bei verschiedenen Vermarktungsrichtungen:

- Ergebnis aus Veredelung über Stromverkauf: 334,1 T-EUR
- Ergebnis aus theoretischem Verkauf über Marktfrüchte: 355,7 T-EUR

In der Gegenüberstellung der Vermarktungsvarianten wird damit ersichtlich, dass unter den gegebenen Marktpreisen von 2007 bei Absatz der Früchte von 836 ha landwirtschaftlicher Nutzfläche über die Stromproduktion bereits ein Mindergewinn von 21,6 T-EUR erzielt worden wäre. Nicht berücksichtigt ist dabei eine Düngemitteleinsparung in Höhe von ca. 42,0 T-EUR. Ebenso sind Bestandsveränderungen in der Gegenüberstellung nicht berücksichtigt.

6. Gegenüberstellung der Ausgangsdaten 2008

2008 werden in der Biogasanlage Inputstoffe in Summe von 16.513,2 t (Maissilage, Grassilage, Getreide, Sudangras, Zuckerhirse, GPS und sonstige) eingesetzt. In der Rückrechnung entspricht dies einer Anbaufläche von 793 ha. Dabei werden von der agt bio energy GmbH Umsätze an die agt agrar GmbH in Höhe von 502 T-EURO gezahlt.

Tabelle 7: Inputstoffe Biogasanlage 2008 aus der Ernte 2007

	Menge (t)	Fläche (ha)	Preis (EUR/t)	Ertrag (TEUR)
Maissilage	12.733	527	25	318,3
Grassilage	1.239	59	36	44,6
Getreide	212	64	80	27,6
Sudangras	837	34		25,1
Zuckerhirse	360	34		10,8
GPS / sonst.	1.131	74		75,2
Gesamt		793		501,6

Unter Berücksichtigung der Standardherstellungskosten in 2007 ergibt sich daraus ein Gewinn von 134 T-EURO in der agt agrar GmbH Trebbin.
In der agt bio energy GmbH wird damit ein Umsatz aus Stromverkauf in Höhe von 1.228 T-EURO erzielt. Unter Abrechnung von 84,12 % Selbstkosten bei linearer AFA ergibt sich daraus ein Gewinn in Höhe von 195 T-EURO.
Damit ergibt sich für 2008 in der Veredelung der Produkte von 793 ha Anbaufläche über die Energieproduktion ein Gesamtgewinn in Höhe von 329 T-EURO. Dabei sind eingesparte Düngemittelkäufe im Wert von ca. 45,0 T-EURO nicht berücksichtigt. Bei Absatz der pflanzlichen Produkte als Marktfrüchte wären Anbau und Produktion anders gestaltet worden.

Tabelle 8: Theoretischer Anbau 2007 zur Vermarktung als Marktfrucht

	Fläche (ha)	Standardherstellungskosten (EUR/ha)	Gewinnanteil (T-EUR)
Körnermais	527	561,0	430,1
Grassilage	59	103,0	./.6,1
Getreide	132	437,0	11,0
GPS u. sonst.	74	268,0	./.19,9
GESAMT	**793**		**415,1**

Der Mais der Ernte 2007 wäre vollständig als Körnermais abgesetzt worden. Bei Anbau zu Marktfruchtzwecken wären statt 63 ha Getreide 132 ha Getreide angebaut worden und mit einem Gewinn von 11 T-EURO vor Beihilfen abgesetzt worden. GPS und Grassilage wären wiederum als Stilllegungsflächen bzw. Bestandsänderungen zu Buche geschlagen. Damit ergäbe sich aus der Ernte 2007 bei Verkauf 2007/2008 unter Berücksichtigung der Standardherstellungskosten ein Gewinn in Höhe von 415,1 T-EURO.

Gegenüberstellung der Gewinnanteile 2008 bei verschiedenen Vermarktungsrichtungen

Der Gewinn bei Absatz der Produkte an die agt bio energy GmbH und anschließendem Stromverkauf beträgt in Summe ca. 329 T-EURO.
Demgegenüber steht bei verändertem Anbau und Absatz der Produkte von 793 ha als Marktfrüchte zu Preisen von 2007 ein Gewinn in Höhe von 415,1 T-EURO.
Das bedeutet wir haben einen Mindergewinn in Höhe von 86,4 T-EURO durch Absatz der Produkte zur Veredelung über Stromverkauf akzeptiert. Nicht berücksichtigt sind wiederum Bestandsveränderungen und eingesparte Käufe von Düngemitteln.

7. Fazit

Es lässt sich zeigen, dass die Biogasanlage geeignet ist, die Variabilität der Absatzwege zu erhöhen, um z.B. Witterungs- und Preisschwankungen auszugleichen. Bei grundsätzlich steigenden Preisen für Inputstoffe (wie es z.B. auch in den Referenzjahren 2007/2008 der Fall war) ist ein zusätzlicher Absatz der Wärme lebensnotwendig für eine ausgeglichene Entwicklung.

Agrarpreisschwankungen und Investitionsplanung – aus Sicht der Finanzierer

Ottmar Müller und Andreas Lepel

Seit dem Jahr 2006 kam es zu deutlichen Preissprüngen bei landwirtschaftlichen Produkten und Betriebsmitteln. Das starke Wirtschaftswachstum in den Schwellenländern wie China und Indien löste auch ein starkes Nachfragewachstum nach landwirtschaftlichen Erzeugnissen aus. Schlechte Ernten in den Vorjahren und der Einsatz von Getreide und Ölsaaten als nachwachsende Rohstoffe ließen 2007 die Preise für Agrarprodukte explodieren. Parallel dazu stiegen die Rohstoffpreise, so dass auch Betriebsmittel wie Düngemittel und Treibstoffe deutlich teurer wurden. Die Furcht vor Nahrungsmittelknappheit veranlasste einige Länder den Export von Agrarprodukten und Düngemitteln einzuschränken. In dieser Situation taten Börsenspekulationen ein Übriges, um die Preissprünge unkalkulierbar zu machen.

Inzwischen haben die Preise für Agrarerzeugnisse schon fast historische Tiefststände erreicht. Die Nachfrage ist zum Teil drastisch gesunken. Die Preise für Betriebsmittel sind hingegen nur geringfügig gesunken, zum Teil liegen sie deutlich über dem Niveau von 2006. Der starke Preisanstieg für Agrarerzeugnisse im Jahr 2007 löste eine sehr starke Nachfrage nach landwirtschaftlichen Flächen aus, was wiederum die Pacht- und Kaufpreise für Grund und Boden nach oben trieb.

Der Boom ist vorbei und die landwirtschaftlichen Unternehmen müssen mit zum Teil deutlich höheren Kosten bei im Vergleich zu 2006 kaum veränderten Erzeugerpreisen leben. Die EU setzt ungeachtet dieser Entwicklung auf die weitere Liberalisierung der Agrarmärkte. Das heißt, solche Preisschwankungen werden zunehmen.

Warenterminbörsen, eine stärkere Absicherung von Bezug und Absatz über Verträge können starke Preisschwankungen etwas abfedern. Wie die aktuelle Entwicklung, verstärkt durch die Finanzkrise, zeigt, lassen sie sich aber nicht verhindern. Die beschlossene Abschaffung der Milchquotenregelung im Jahr 2015 wird auch hier zu größeren Marktunsicherheiten führen.

Die Landwirtschaft ist zwar nicht so konjunkturabhängig wie andere Bereiche der Wirtschaft, aber durch die Vielzahl der Produzenten und die Besonderheiten des landwirtschaftlichen Produktionsprozesses ist eine Ausweitung bzw. Verringerung der Produktionsmenge zur Steuerung von Angebot und Nachfrage und damit der Preise nur eingeschränkt möglich. Einen großen Einfluss auf die Produktionsmenge und damit die Erzeugerpreise hat nach wie vor die Witterung. Durch den Klimawandel mit immer länger anhaltenden Trocken- und Regenperioden und daraus resultierenden Ertragsschwankungen können sich auch starke Preisschwankungen ergeben. Einen weiteren Einfluss auf die Preisentwicklung haben auch die starke Konzentration und die Marktmacht der vor- und nachgelagerten Bereiche.

Tendenziell ist von steigenden landwirtschaftlichen Erzeugerpreisen auszugehen, wobei die Preisausschläge wahrscheinlich stärker werden. Die vergangenen zwei Jahre haben aber auch sehr deutlich gezeigt, dass die landwirtschaftlichen Unternehmen von hohen Erzeugerpreisen nur partiell profitieren. Der vor- und nachgelagerte Bereich reagiert sehr schnell mit höheren Preisen für Betriebsmittel und auch die Flächenkosten steigen zügig an, so dass die Gewinnrate der landwirtschaftlichen Produktion im Wesentlichen unverändert bleibt.

Für Produzenten wie Finanzierer bedeutet diese Entwicklung insgesamt eine Zunahme der Risiken.

1. Wie gehen die Finanzierer nun mit diesen Bedingungen um?

Zunächst ist anhand der Jahresabschlüsse zu konstatieren, dass auch ohne die starken Preisschwankungen der letzten zwei Jahre große Unterschiede in der Rentabilität landwirtschaftlicher Unternehmen bestehen. Trotz zahlreicher flankierender staatlicher Maßnahmen ging der Strukturwandel weiter. Die Zahl der landwirtschaftlichen Betriebe nahm ab, die Betriebsgröße zu. Die Zahl der landwirtschaftlichen Betriebe nahm ab, die Betriebsgröße zu. Seit 1997 hat sich die Zahl der landwirtschaftlichen Betriebe auf etwa 370.000 reduziert. Das sind ungefähr 24% weniger. Gleichzeitig steigt im gesamten Bundesgebiet nur noch die Zahl der Betriebe mit einer Größe über 100 ha, während die Anzahl der Betriebe mit einer Flächenausstattung unter 100 ha deutlich zurückgeht. Die Liberalisierung der Agrarmärkte wird diese Entwicklung eher beschleunigen. Die steigenden Betriebsgrößen fordern die Landwirte schon jetzt als Unternehmer und Kaufleute. Dies wird auch so weitergehen.

Auch unter den jetzigen Bedingungen mussten sich die Finanzierer sehr intensiv mit den kaufmännischen Fähigkeiten der Unternehmensleitungen bei der Kreditvergabe beschäftigen. Dies wird bei zunehmenden Risiken natürlich einen noch größeren Stellenwert erhalten. Fakt ist, eine stärkere Liberalisierung der Agrarmärkte und die Verminderung staatlicher Einflüsse auf die Landwirtschaft erhöht die Risiken für die landwirtschaftlichen Unternehmen und damit auch für die Finanzierer.

Prognosen sind mit noch größeren Unsicherheiten verbunden, Planungssicherheit ist nur noch insofern eine kalkulierbare Größe, als das Nahrungsmittel täglich benötigt werden und nicht so konjunkturabhängig sind, wie Produkte aus der gewerblichen Wirtschaft.

Zweifellos bestehen auch Chancen, aber speziell die Entwicklung der vergangenen zwei Jahre zeigt sehr deutlich, was heute eine große Chance zu sein scheint, kann bereits morgen ein ernstes Risiko bedeuten.

Der Boom, auch der der Bioenergiebranche, hat sehr viel Industrie- und Anlegerkapital in die Landwirtschaft gebracht. Dies bedeutet für landwirtschaftliche Unternehmen, speziell mit Tierproduktion, eine verschärfte Wettbewerbssituation um Flächen und qualifizierte Arbeitskräfte.

Marktbeobachtung und Marktkenntnis gewinnen sowohl bei Produzenten wie Finanzierern an Bedeutung, um die Auswirkungen absehbarer Preisstürze bei bestimmten Produkten abzufedern oder um einen erkennbaren Preisanstieg mitzunehmen. Zweifellos sind die Möglichkeiten begrenzt, jede Entwicklung an den Märkten vorherzusehen, aber durch eine überlegte Vertragsproduktion zum Beispiel können die Folgen eines Preistiefs zumindest abgemildert werden.

Die zunehmende Weltbevölkerung, knappe Lagerbestände bei den wichtigsten Getreidearten und auch im Zuge des Klimawandels immer stärkere Witterungsextreme können dazu führen, dass landwirtschaftliche Produkte ein verstärktes Interesse an den Börsen auslösen. Dies kann zu starken Preissprüngen führen, insbesondere wenn Staaten aus Gründen der Ernährungssicherheit Im- und Exportbeschränkungen verhängen. Solche Ereignisse sind schwer planbar.

Auch bei globalisierten Agrarmarkten kommt der Staat nicht umhin, für faire Wettbewerbsbedingungen zu sorgen, denn Liberalisierung der Agrarmärkte bedeutet nicht, dass der Staat alles dem freien Spiel der Marktkräfte überlässt. Dies würde bei dem sensiblen Thema Ernährungssicherheit zu schweren Verwerfungen in der Gesellschaft und schwer kalkulierbaren Folgen für die Umwelt und den Wasserhaushalt führen.

Berücksichtigt werden müssen bei staatlichen Regelungen klimatische, kulturelle und soziale Bedingungen, um gesellschaftlichen Problemen entgegenzuwirken. Der Umweltschutz, gerade auch in der Landwirtschaft, wird eine eher zunehmende Bedeutung haben und kommt nicht ohne staatliche Regelungen aus.

Die Finanzierer stehen vor der Aufgabe, sich diesen stetig ändernden Rahmenbedingungen anzupassen. Die Änderungen auf den Märkten ziehen speziellere Kundenbedürfnisse nach sich, an denen sich die Finanzierer orientieren sollten. Den größten Einfluss auf die Entscheidung über eine Finanzierung wird nach wie vor die Gewinnentwicklung aus der Vergangenheit haben. Daraus lässt sich am deutlichsten ablesen, wie es das landwirtschaftliche Unternehmen in der

Vergangenheit verstanden hat, mit den „Widrigkeiten" aus Markt, Witterung und staatlichen Rahmenbedingungen umzugehen.

Planungssicherheit wird in gewisser Weise zu einem Fremdwort, wenn nicht eine gewisse qualifizierte staatliche Regulierung der Agrarmärkte stattfindet. Der betriebswirtschaftliche Grundsatz „Liquidität geht vor Rentabilität" behält seine Aktualität.

Die Schwankungen der Preise für landwirtschaftliche Erzeugnisse und Betriebsmittel stellen höhere Anforderungen an die landwirtschaftlichen Unternehmer wie auch die Finanzierer, da die Landwirtschaft weiterhin eine sehr kapitalintensive Branche bleibt. Dies gilt insbesondere für Unternehmen mit einem hohen Spezialisierungsgrad und einer Ausrichtung auf einen Produktionszweig wie zum Beispiel reine Futterbaubetriebe oder Veredelungsbetriebe, die sehr anfällig auf Preisschwankungen reagieren. Gerade hier kommt es auf eine perfekte Beherrschung der Produktionstechnik an. Mängel in der Produktionstechnik können hier sehr schnell gravierende Auswirkungen haben und bei längeren Tiefpreisphasen zum Ruin führen. Die Unternehmen müssen in der Lage sein, bei hohen Erzeugerpreisen so viele Rücklagen zu bilden, dass diese zur Überbrückung von Tiefpreisphasen ausreichen.

Das heißt aber auch, bei Neufinanzierungen wird die Eigenkapitalausstattung des landwirtschaftlichen Unternehmens stärker als bisher bei der Entscheidung über eine Kreditvergabe berücksichtigt werden. Hierzu haben die Banken speziell auf die Agrarwirtschaft abgestimmte Ratingsysteme entwickelt.

Das landwirtschaftliche Unternehmen muss über Reserven verfügen, um nicht durch eine Tiefpreisphase oder ähnliche außergewöhnliche Ereignisse gleich in Existenznot zu geraten. Ebenso wird bei der Entscheidung über die Finanzierung von Investitionen noch stärker als zuvor zu berücksichtigen sein, ob die Strukturen des landwirtschaftlichen Unternehmens innerhalb der Nutzungsdauer der Investition wettbewerbsfähig sind, da hiervon die Werthaltigkeit der Banksicherheit abhängt. Eine weitere Liberalisierung der Agrarmärkte beschleunigt zweifellos den Strukturwandel im landwirtschaftlichen Bereich. Zum heutigen Zeitpunkt ist beispielsweise schwer einzuschätzen, wie die Lieferbeziehungen zwischen Milcherzeuger und Molkerei 2015 nach dem Wegfall der Milchquote tatsächlich aussehen. Hier stellt sich zum Beispiel die Frage, zu welchen Konditionen kleinere Milcherzeuger noch an die Molkereien liefern können. Können Sie dem Wettbewerb standhalten oder scheiden sie zum Beispiel durch ungünstige Lieferverträge aus. Gibt es flankierende Maßnahmen zur Abfederung dieses Strukturwandels durch die öffentliche Hand nach dem Wegfall der Milchquote oder gibt es sie nicht?

2. Welchen Wert haben die Produktionsstätten nach Aufgabe der Produktion noch? Welche Verwertungsmöglichkeiten gibt es für Gebäude?

Die Investitionsplanung sollte auch Szenarien enthalten, anhand derer zumindest ansatzweise die Unternehmensentwicklung bei niedrigen Erzeuger- und hohen Betriebsmittelpreisen dokumentiert werden kann (worst-case Szenario). Offenheit und Transparenz des Unternehmens gegenüber dem Finanzierungspartner gewinnen weiter an Bedeutung, da durch den oftmals sehr hohen Fremdkapitalanteil die Anfälligkeit der Unternehmen, durch starke Preisschwankungen in eine finanzielle Schieflage zu geraten, steigt. Durch zeitnahe Absprachen mit dem Finanzierer und eine genaue Kenntnis der eigenen Kennzahlen sollten solche prekären Situationen vermieden bzw. abgemildert werden. Ein betriebsinternes Controlling sollte in größer werdenden landwirtschaftlichen Unternehmen stärkeren Eingang finden, denn ein hoher Anteil an kurzfristigen Verbindlichkeiten kann in Zeiten volatiler Märkte sehr schnell zur Existenzgefährdung führen. Vom landwirtschaftlichen Unternehmer wird erwartet, dass er die wichtigsten Kennziffern seines Unternehmens kennt und auch einordnen kann.

Bei einer Finanzierungsentscheidung über eine Investition muss gerade auch in Zeiten schwankender Preise noch stärker berücksichtigt werden, dass den landwirtschaftlichen Unternehmen so viel finanzieller Spielraum verbleibt, dass künftige Maßnahmen im Rahmen des Strukturwandels finanziert werden können. Sei es eine Betriebsübernahme, sei es die Aufstockung von Lieferrechten, landwirtschaftlichen Flächen oder der Einstieg in die Energiegewinnung (Photovoltaik, Biogas, etc.). Ein zukunftsorientiertes Unternehmen sollte eine gut gefüllte „Kriegskasse" besitzen, um solche Erweiterungen zusammen mit dem Finanzierungspartner finanzieren zu können.

Bei volatiler werdenden Märkten haben landwirtschaftliche Unternehmen mit größerer Produktpalette bessere Möglichkeiten, die Ausschläge von starken Preis- und Ertragsschwankungen abzufedern, da i.d.R. nicht alle Produkte der gleichen Preisentwicklung unterliegen. Dies darf gleichzeitig aber nicht dazu führen, dass ein zu großer Produktumfang entsteht, der unübersichtlich wird und einen hohen Allgemeinaufwand erfordert. Jedes Produktionsverfahren muss beherrscht und professionell betrieben werden, eine Quersubventionierung muss unterbleiben.

Es dürfte auch wenig erfolgversprechend sein, jeden Trend mitzumachen, weil es typisch für die Agrarmärkte ist, dass durch die Vielzahl der Produzenten bei bestimmten Produkten eine starke Nachfrage mit hohen Preisen sehr schnell zu einem Überangebot mit dem entsprechenden Preisverfall führen kann. Der Einstieg in die Bioenergieerzeugung kann eine Alternative sein, um planbare

Umsätze zu erzielen und dem Unternehmen mehr Stabilität zu verleihen und es unabhängiger von Preisschwankungen zu machen.

Weiterhin müssen vor einer Investition, zum Beispiel in eine Stallanlage, die naturalen und finanziellen Kennzahlen überprüft werden: Wo steht das Unternehmen mit seinem Leistungsniveau, wo mit seiner Kostenstruktur? Welche Schwachstellen und Reserven bestehen? Wie können sie erschlossen werden?

Für den Unternehmer wie für den Finanzierer sind folgende Fragen noch wichtiger als bisher:
- Welche positiven Effekte resultieren aus der Investition?
- Stehen auch zukünftig ausreichend qualifizierte Arbeitskräfte zur Verfügung?
- Welche Marktentwicklung ist zu erwarten?
- Sind die Strukturen zukünftig wettbewerbsfähig?
- Besteht ein Anpassungspotenzial an veränderte Rahmenbedingungen?

Wenn diese Fragen nicht mit ausreichender Klarheit beantwortet werden können, ist der Ausstieg aus dem Produktionsverfahren zu erwägen.

Zusammenfassend heißt das, die landwirtschaftlichen Unternehmen und ihre Finanzierungspartner müssen zukünftig mit stärkeren Preisschwankungen auf den Agrarmärkten umgehen, weil Preisstützungssysteme in den vergangenen Jahren abgebaut wurden.

Investitionen und deren Finanzierung müssen zielgerichteter geplant und begleitet werden, um Fehlinvestitionen zu vermeiden. Der Landwirt ist stärker als bisher als Unternehmer gefragt. Die Rentabilität der größer werdenden landwirtschaftlichen Unternehmen ist für eine Finanzierungsentscheidung natürlich wie bisher von ganz wesentlicher Bedeutung. In Zeiten starker Preisschwankungen erwarten die Finanzierungspartner Offenheit und Transparenz bei der Begleitung von Investitionsvorhaben sowie bei der Überbrückung von Tiefpreisphasen.

Risikomanagement im landwirtschaftlichen Betrieb – Die Umsetzung einer eigenen Risikostrategie

Matthias Koch, Abteilung Risikomanagement
Raiffeisen-Warenzentrale Kurhessen-Thüringen Kassel

1. Einleitung

Preissprünge bei landwirtschaftlichen Produkten sind keine „Errungenschaften" der Neuzeit. Bereits im Laufe des 19. Jahrhunderts waren solche Entwicklungen mit starken Preisschwankungen zu beobachten. Abbildung 1 zeigt die Preisentwicklungen für Weizen, Roggen, Gerste und Hafer.[1] Die Preise beziehen sich hier auf eine Tonne der landwirtschaftlichen Produkte ausgedrückt in Talern. Der Zeitraum dieser Betrachtung liegt bei rund 30 Jahren.

Abbildung 1: Preisentwicklung Getreide im 19. Jahrhundert

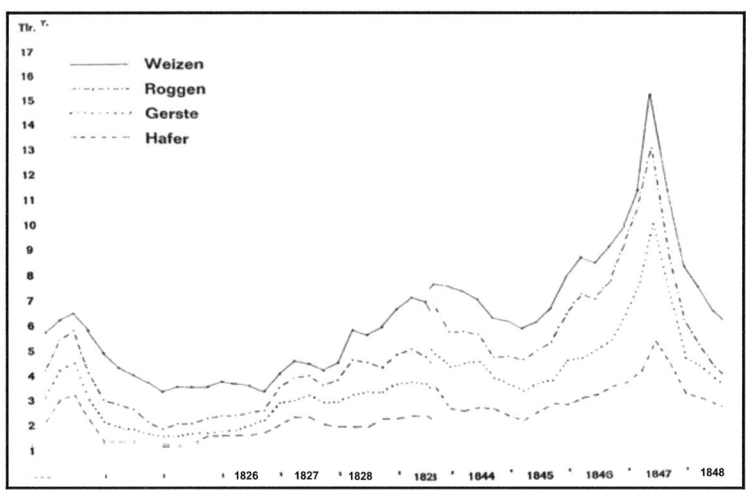

---

[1] Vgl. Reinhard Müller, Die landwirtschaftlichen Märkte, Deutscher Buchverlag, 1917, Seite 78

Im Vergleich dazu zeigt Abbildung 2 die Preisentwicklung der Weizennotierungen an der Chicago Board of Trade von 1974 bis 2009. Hier ist somit ein Zeitraum von 35 Jahren abgedeckt. Würde man diese beiden Abbildungen übereinanderlegen, so lässt sich hier von einem sehr hohen Grad an Deckungsgleichheit sprechen. Da auch das Verhältnis von Minimum zu Maximum bei beiden Kursentwicklungen bei rund 1:5 liegt, könnte man hier von einer sehr hohen positiven Korrelation sprechen (unter der Voraussetzung, dass es sich hier um zwei unterschiedliche Produkte handelt, die im gleichen Zeitraum gehandelt wurden).

Abbildung 2: Preisentwicklung Weizen an CBoT der letzten 35 Jahre

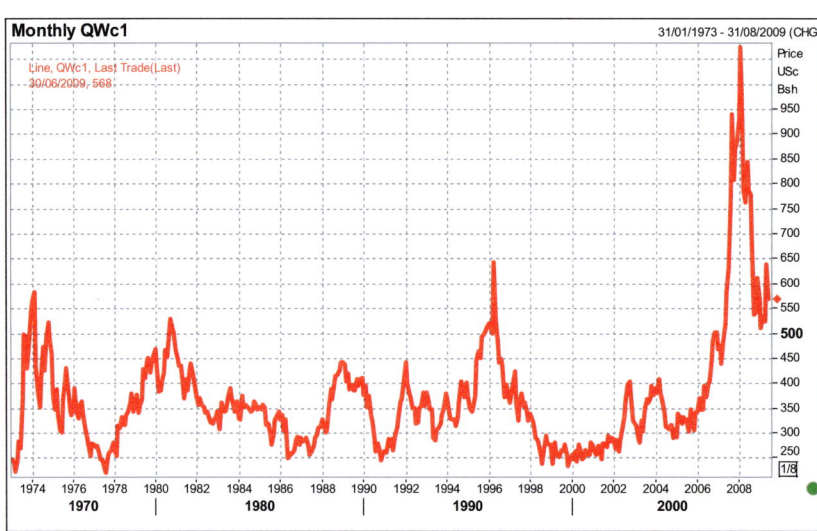

2. Preisbildung an den internationalen Warenmärkten

Bedingt durch die Rückführung der staatlich geregelten Preisstützung bei landwirtschaftlichen Produkten spielen Entwicklungen auf den Weltmärkten für landwirtschaftliche Produkte eine immer wichtigere Rolle. In diesem Zusammenhang kann von einer dreistufigen Entwicklung dieser Einflüsse gesprochen werden.

1. Phase: Nachrichten, die Einflüsse auf die fundamentale Versorgungslage (national/international) haben, beeinflussen die Preisbildung sowohl auf den heimischen als auch den Weltmärkten. Zeitweise beeinflussen besondere Entwicklungen auf den nordamerikanischen Agrarmärkten, beispielsweise Schätzungen des amerikanischen Landwirtschaftsministeriums USDA oder Preisbewegungen bei nordamerikanischen Soja- oder Weizenprodukten sehr stark unsere Warenterminnotierungen;

2. Phase: andere Warenmärkte, hier ist insbesondere der internationale Rohöl-Terminmarkt zu nennen, haben zeitweise einen sehr großen Einfluss auf unsere Raps- zum Teil auch Weizennotierungen;

3. Phase: besondere Situationen an den internationalen Finanzmärkten strahlen mitunter sehr stark auf die Preisbildung an den verschiedenen Agrarmärkten aus. Hier ist beispielhaft auf die Finanz- und Wirtschaftskrise der Jahre 2008 und 2009 zu verweisen. Insbesondere in Zeiten, wenn keine neuen fundamentalen Erkenntnisse vorliegen, ist dieser Effekt besonders groß.

Die Folge dieser Entwicklungen konnte in den vergangenen beiden Jahren sehr gut beobachtet werden.

Abbildung 3: Tagesnotierungen Matif-Weizen am 11./12.02.08

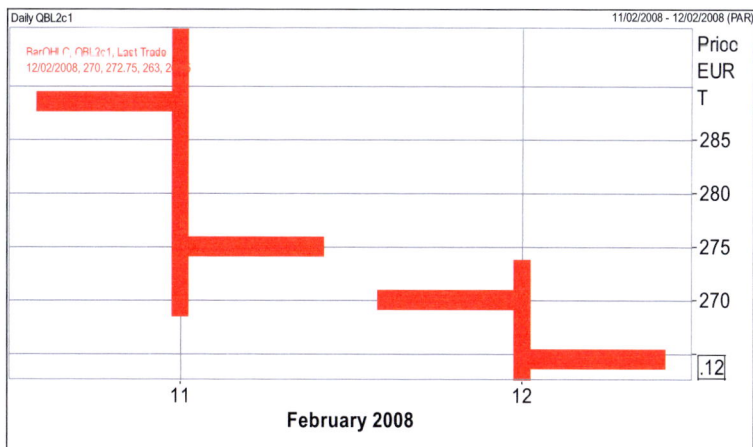

Abbildung 3 zeigt exemplarisch die Kursbewegungen für den Weizen am 11. und 12. Februar 2008 an dem Warenterminmarkt MATIF Paris. Hier sind die Tageshöchst- und Tagesniedrigstpreise dargestellt. Insbesondere der 11. Februar

2008 konnte mit einer Preisspanne von 25,50 Euro/to. aufwarten! Dies entsprach zum damaligen Zeitpunkt einer Preisbewegung von ca. 9% des Warenwertes innerhalb eines Tages.

Eine Vielzahl von Fachartikeln geht von einer weiterhin hohen Volatilität[2] an den europäischen Agrarmärkten aus.[3]

Abbildung 4: Entwicklung der historischen Volatilität beim Raps

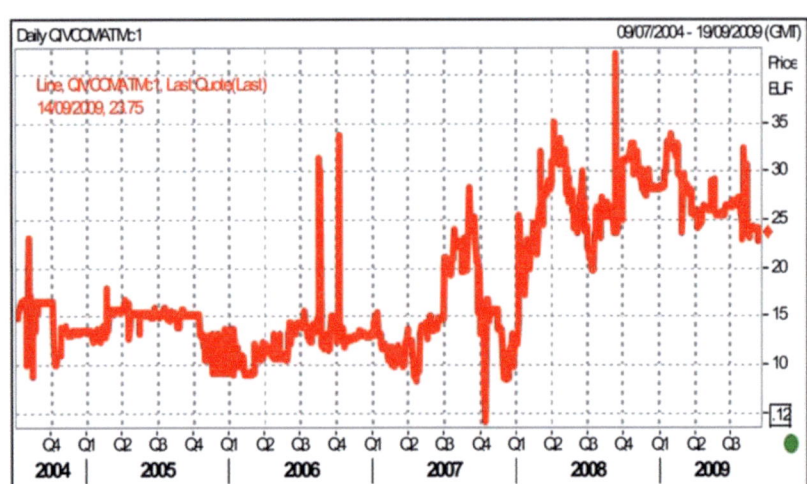

Abbildung 4 zeigt die historische Entwicklung dieser Volatilität für den Raps-Terminkontrakt an der Warenterminbörse Matif Paris seit 2004. Hier ist festzustellen, dass die Werte in den Jahren 2004 bis 2007 zumeist im Korridor zwischen 12 und 16 % geschwankt haben. Ab 2007 stieg dieser Wert dann sprunghaft an und verdoppelte sich auf Werte um 28 bis 33 %. Nachdem die Preise in der 2. Hälfte 2008 stark gefallen waren und sich bei Preisen bei 260 bis 300 Euro/to. einpendelten, gab die Volatilität auf Werte um 16 bis 20 % nach. Dies sollten Werte sein, auf denen sich der Markt auch in einem seitwärts gerichteten Trendkanal zukünftig wiederfinden wird.

---

[2] Volatilität ist eine Kennzahl der Statistik und bezeichnet hier die Schwankung von Zeitreihen von Aktien- oder Warenterminnotierungen, vgl. auch dazu die Ausführungen auf www.wikipedia.de

[3] vgl. dazu die Ausführungen von Hr. Manfred Nüssel, Präsident des Deutschen Raiffeisenverbandes bei der Mitgliederversammlung am 18.06.2009

3. Preisschwankungen und Folgen für das Betriebsergebnis

Was haben solche Entwicklungen nun für einen Einfluss auf den betriebswirtschaftlichen Erfolg eines landwirtschaftlichen Unternehmens?

Zur Beantwortung dieser Frage ist auf eine Auswertung des Betriebswirtschaftlichen Beratungsbüros Göttingen (BB Göttingen GmbH)[4] zurückgegriffen worden. In Abbildung 5 ist die Standarddeckungsbeitragsrechnung für den Weizen Ernte 2010 aufgeführt.

Abbildung 5: Standarddeckungsbeiträge B-Weizen Ernte 2010

Frucht		Vergleichs PV Brot-WW 12% Prot.	Brot- Stoppel- WW	Futter- weizen	Qualitäts- WW 13,5% Prot.	Wintergerste	Brot- roggen
Ertragsniveau	1	65	65	70	60	60	60
- dt/ha	2	80	80	85	75	75	75
	3	95	95	100	90	90	90
Preis	Netto	16,00	16,00	15,50	17,00	14,50	14,00
- €/dt	Brutto	16,00	16,00	15,50	17,00	14,50	14,00
Marktleistung	1	1.040	1.040	1.085	1.020		840
- €/ha	2	1.280	1.280	1.318	1.275	1.088	1.050
	3	1.520	1.520	1.550	1.530	1.305	1.260
Vorfruchtwert - €/ha							
Ausgleichszahlung - €/ha							
Marktleistung ohne	**1**	**1.040**	**1.040**	**1.085**	**1.020**	**870**	**840**
Ausgleichszahlung mit	**2**	**1.280**	**1.280**	**1.318**	**1.275**	**1.088**	**1.050**
Vorfruchtwert - €/ha	**3**	**1.520**	**1.520**	**1.550**	**1.530**	**1.305**	**1.260**
Summe Direktkosten	1	521	534	508	498	443	448
- €/ha	2	565	596	553	548	500	494
	3	614	660	600	600	534	554
Summe	1	433	433	445	428	419	419
Arbeitserledigungskosten	2	453	453	467	450	441	441
- €/ha	3	475	475	478	470	452	452
Kapitalkosten	1						
Lieferrechte	2						
- €/ha	3						
Summe Kosten	1	954	967	953	926	862	867
Inkl. kalkulatorischer	2	1.016	1.049	1.020	998	941	935
Kosten in €/ha	3	1.089	1.135	1.078	1.070	986	1.006
Deckungsbeitrag	**1**	**87**	**74**	**133**	**95**	**9**	**-27**
	2	**263**	**232**	**299**	**278**	**148**	**116**
- €/ha	**3**	**432**	**306**	**473**	**461**	**320**	**255**

---

[4] Musterkalkulation des BB Göttingen GmbH für den Weizen der Ernte 2010

Als Variable sind hier die ha-Erträge mit 6,5, 8,0 und 9,5 to./ha. angesetzt worden. Als weitere Variable ist der Erzeugerpreis zusätzlich mit den unterschiedlichen Preisniveaus des Getreidewirtschaftsjahres 2008/09 angesetzt worden. Tabelle 1 zeigt nun deutlich den Einfluss, die die in diesem Zeitraum stark schwankenden Erzeugerpreise auf den Unternehmenserfolg gehabt haben. Marktleistungen zwischen 650 und 2.090 Euro/ha., je nach Ertragsniveau und Erzeugerpreisniveau, weisen auf eine große Spreizung bei den Deckungsbeiträgen hin.

Tabelle 1: Entwicklung der Marktleistung

Marktpreis	Ertragsniveau/Marktleistung		
Netto in €/dt.	65	80	95
10,00 (**worst**)	650,00	800,00	950,00
13,00	845,00	1.040,00	1.235,00
16,00 (**middle**)	1.040,00	1.280,00	1.520,00
19,00	1.235,00	1.520,00	1.805,00
22,00 (**best**)	1.430,00	1.760,00	2.090,00
ML Min.	650,00	800,00	950,00
ML Max.	1.430,00	1.760,00	2.090,00

Abbildung 6 stellt die grafische Aufarbeitung der berechneten Deckungsbeiträge bei den unterschiedlichen Marktgegebenheiten und Ertragsniveaus dar.

Abbildung 6: Entwicklung der Deckungsbeiträge beim Weizen bei den unterschiedlichen Marktbedingungen/Ertragsniveaus

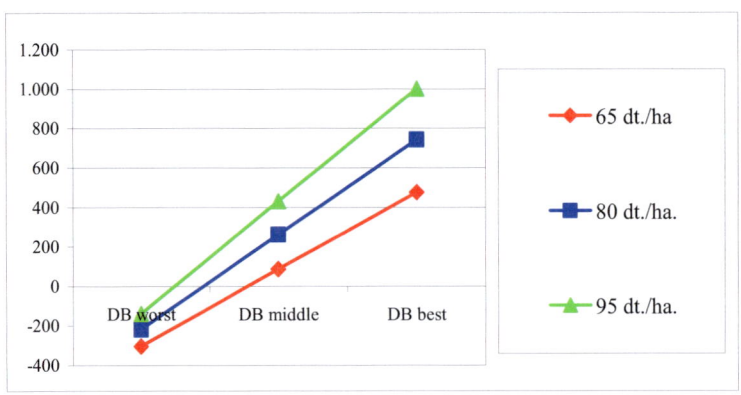

Eine systematische Auseinandersetzung mit diesen extrem schnellen und signifikanten Änderungen im Unternehmensumfeld stellt eine Grundvoraussetzung für den nachhaltigen Unternehmenserfolg dar. Die Schwankungen im Bereich der Deckungsbeiträge erfordern einen sensiblen Umgang sowohl im Bereich der Direktkosten als auch bei der Realisierung von Marktleistungen.

So sollten Verhaltensregeln aufgestellt werden, die sich mit den unterschiedlichsten Entwicklungen im Unternehmensumfeld befassen.

Für die Unternehmensführung ist es von existentieller Bedeutung die EDV-technischen Grundlagen zu schaffen, um jederzeit adäquate Controllinginstrumente einsetzen zu können. Hierbei ist es wichtig eine detaillierte Standarddeckungsbeitragsrechnung für die einzelnen angebauten Produktarten zu erstellen. Diese ist bei geänderten Faktoreinsätzen bzw. sich stärker ändernden Marktpreisniveaus anzupassen. Denn nur so kann von einem effektiven und systematischen Risikomanagement gesprochen werden.

4. Die Bildung einer Risikostrategie

Die Identifikation, Bewertung und Beherrschung von Marktpreisrisiken sowohl auf der Faktoreinsatz- als auch der Vermarktungsseite stellt eine Grundvoraussetzung für erfolgreiches, nachhaltiges Unternehmertum dar. Folglich ist ein Risikomanagementsystem mit definierten Bewertungs- und Verhaltensgrundsätzen als organisatorisches innerbetriebliches Regelwerk zu verstehen. Chancen und Risiken der betrieblichen Tätigkeiten werden hier mit dem Unternehmensziel zu einer Risikostrategie verknüpft und in Vorgaben umgesetzt.[5] Diese Vorgaben erstrecken sich auf die Definition der risikobehafteten Geschäftsfelder und die dort zu steuernden Risiken sowie die einzuhaltenden Verlustgrenzen. Darüber hinaus ist zu beschreiben, welche Maßnahmen beim Erreichen der Verlustgrenzen einzugehen sind. Diese Verlustgrenzen sollten immer einen Bezug zur Risikotragfähigkeit des Unternehmens besitzen und in einer definierten Risikodeckungsmasse dokumentiert sein. Beispielhaft kann als Risikodeckungsmasse der Durchschnitt der letzten Betriebsergebnisse, somit der anzunehmende nachhaltige Unternehmenserfolg, oder auch der bei einer Geschäftsprognose sich ergebende zu erwartende Betriebsgewinn angesetzt werden.

Bereits mit der Anbauplanung und der dann folgenden Aussaat sind wesentliche Betriebsmitteleinsätze vorgegeben. Die Verhaltensregeln beim landwirtschaftlichen Unternehmer sind auf den Produktmix bei der Anbauplanung, die

---

[5] vgl. Das Risikomanagement in Waren-, Dienstleistungs- und Agrargenossenschaften, DGRV Schriftenreihe Band 42, 2. vollständig überarbeitete Auflage 2009, Seite 23

unterschiedlichen Qualitätsstufen beim Weizen, den Erwerbszeitpunkt von Betriebsmitteln oder auch den Abschluss von unterschiedlichen Vermarktungsmodellen anzuwenden.
Beispiele einer Risikostrategie für die Vermarktungsrisiken könnten sein:
- Bildung eines Durchschnittspreises bei der Vermarktung, welcher den unterjährigen Marktpreistrend widerspiegeln soll. Ein solcher Durchschnittspreis kann generiert werden, indem der Zeitraum nach der Ernte bis in das Frühjahr des kommenden Kalenderjahres in gleichlange Zeitabschnitte aufgeteilt wird. Hierbei sollten die Zeitabschnitte so gewählt werden, dass die Anzahl dieser Abschnitte zu einer Mengengröße von 50 to. oder einem Vielfachen davon führt. Durch den Verkauf gleicher Mengen zu den Stichtagen dieser Abschnitte erhält man so einen guten Durchschnitt der Preisverläufe innerhalb des Getreidewirtschaftsjahres.

- Zur Sicherung eines bestimmten minimalen Deckungsbeitrags sollte bei dessen Erreichen ein gewisser Anteil der zu erwartenden Erntemenge bereits per Vorkontrakt abgesichert werden; sollte eine nächst höhere Stufe des Deckungsbeitrags realisiert werden können, dann sollte ein definierter weiterer Prozentsatz der Ernteerwartung verkauft werden (immer unter Berücksichtigung der Qualitätsproblematik und entsprechender negativer Ertragsfolgen aufgrund ungünstiger Witterungsbedingungen).

- Absicherung eines Mindestpreises über die Vermarktung der landwirtschaftlichen Erzeugnisse über Vorauszahlungsmodelle oder auch über den Abschluss einer Mindestpreisvereinbarung mit einem Erfassungshändler. Hierbei ist jedoch zu berücksichtigen, dass diese Vereinbarung eines Mindestpreises, der sich relativ nah am Marktpreis befindet Geld kostet. Diese Vereinbarung entspricht einer Versicherungs-leistung, die der Erfassungshändler erbringt, wenn der Erzeugerpreis ein gewisses Marktpreisniveau unterschritten haben sollte.

Dies sind nur einzelne Beispiele für Risikostrategien bei der Vermarktung der geernteten Feldfrüchte. Wie lässt sich nun eine festgelegte Strategie umsetzen? Welche Instrumente stehen einem landwirtschaftlichen Unternehmen zur Verfügung?

5. Die Erzeugerpreismodelle zur Umsetzung der Risikostrategie

Zu allererst ist ein physischer Verkauf durch einen Terminkontrakt zu erwähnen, der eine feste Preisvereinbarung zur Lieferung in der Zukunft darstellt. Hierbei wird eine feste Vereinbarung der Menge, des Lieferzeitpunktes, der Qualitätsmerkmale und des Abrechnungspreises getroffen. Darüber hinaus ist zur Absicherung ein Verkauf von Futureskontrakten direkt an einer Warenterminbörse vorstellbar. Im Unterschied zum physischen Verkauf wird hier die Gegenposition von einer sogenannten Clearingstelle übernommen. Eine Clearingstelle bezeichnet eine Einrichtung, die wie ein Kreditinstitut berechtigt ist, Sicherheiten der Marktteilnehmer in Form von Bargeld, Bürgschaften oder Wertpapieren entgegenzunehmen und zu verwalten. Zu erwähnen ist, dass hier ein verwaltungstechnisch hoher Aufwand an personellem und finanziellem Einsatz zu erbringen ist. So ist beispielsweise bei der Eröffnung eines Börsenterminkontos ein sehr umfangreiches Vertragswerk zur Kenntnis zu nehmen und von vertretungsberechtigten Personen zu unterzeichnen. Darüber hinaus ist von sehr großer Bedeutung über den Stand der eigenen Handelspositionen jederzeit informiert zu sein, da aufgrund des Sicherheitssystems einer Börse eventuell hohe Nachschusspflichten entstehen können. Ein leistungsfähiges Kursinformationssystem, welches mindestens die Börsen abdeckt, an denen Handelspositionen bestehen, ist ebenso Voraussetzung wie ein effektives EDV-technisches Positionsüberwachungssystem, das immer die aktuelle, eigene Position unter Berücksichtigung der Warenterminposition darstellt. Um diesen erhöhten verwaltungstechnischen Aufwand zu umgehen und trotzdem die Preisabsicherungsfunktion einer Börse nutzen zu können, bietet sich hier der Abschluss eines Börsenmodellkontraktes an. Als variabler Preisbestandteil wird ein definierter Börsenpreis gewählt, der dann reduziert um einen fixen Kostenabschlag beim Lagergeschäft für die Gesunderhaltung, Lagerschwund, Aspiration sowie Fracht und Spanne als Preisbasis dient. Dieses Erzeugerpreismodell eignet sich hervorragend um eine im Vorfeld festgelegte Risikostrategie erfolgreich umzusetzen. Bei einem Streckengeschäft fallen keine Lagerkosten an, jedoch werden die Börsengebühren, Maklercourtagen, sowie die Fracht und Spanne von der Börsennotierung in Abzug gebracht. Im Wesentlichen ist das Einlagerungsmodell mit dem Börsenmodell vergleichbar. Der Börsenpreis als Basispreis wird hier von einer physischen Notierung ersetzt, die der Erfassungshändler im Tagesgeschäft mit einem potentiellen Käufer vereinbaren kann. Unter Ansatz der Kosten für die Ein- und Auslagerung, die Gesunderhaltung und Aspiration sowie den Lagerschwund erfolgt dann die Erzeugerpreisbildung. In dem Fall, dass nach der Ernte erhöhter Liquiditätsbedarf besteht, wird auch der Abschluss eines Vorauszahlungsmodells sinnhaft sein. Der Erfassungshandel zahlt dem Erzeuger kurz nach der Ernte eine Abschlagzahlung. In Abhängigkeit von Vermarktungsmöglichkeiten nach der Ernte erfolgt dann eine Nachzahlung für die gelieferte Menge an den Erzeuger. In der Vergangenheit, insbesondere nach der Ernte 2008, hat sich gezeigt, dass dieses Modell bei einem Preisverlauf, der über das folgende Getreidewirtschaftsjahr abwärts gerichtet beziehungsweise waagerecht verlaufen ist, sehr gute Erzeugerauszahlungspreise erreicht werden können. Als Beimischung zu den anderen Modellen sollte dieses Vermarktungsmodell immer mit berücksichtigt werden. Die folgende Grafik zeigt den Erzeugerpreis für A-Weizen, der sich aus geleisteter Vorauszahlung mit abschließender Nachzahlung ergeben hat.

Abbildung 7: Vergleich der Erzeugerpreise für A-Weizen in Thüringen nach dem Einlagerungsmodell und dem Vorauszahlungsmodell

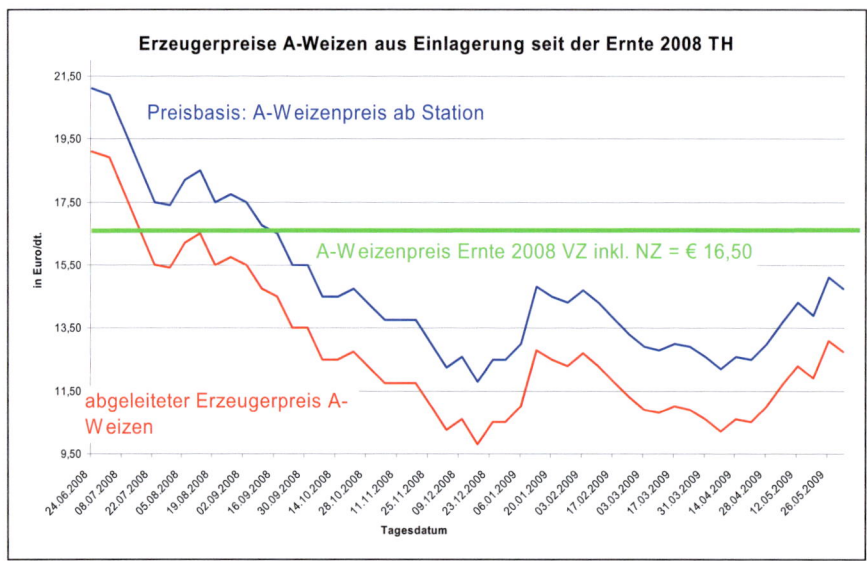

Die untere, schwankende Notierung zeigt den kalkulierten Erzeugerpreis, der sich ergibt, wenn man von dem Marktpreis für A-Weizen auf der Parität ab Station Landlager einen Betrag in Höhe von 2,00 Euro/dt. als Kosten für Lagerung und Gesunderhaltung abzieht. So lässt sich feststellen, dass bereits ab Mitte August 2008 über das Vorauszahlungsmodell ein höherer Erzeugerpreis generiert werden konnte als über das Einlagerungsmodell.

6. Fazit

Zusammenfassend kann festgestellt werden, dass ein systematisches, betriebswirtschaftliches Risikomanagement eines Agrarbetriebes mit der Identifikation der mit Marktpreisrisiken behafteten landwirtschaftlichen Erzeugnisse und Betriebsmittel beginnt. Als nächster Schritt hat die Bewertung dieser Risiken zu erfolgen um die Konzentration auf die zu steuernden Risikofelder herbeizuführen. Im nächsten Schritt ist die Risikodeckungsmasse zu definieren und die Risikofelder auf diese Masse anzurechnen. Zudem sollten die Steuerungswerkzeuge beschrieben werden, die zukünftig der Risikosteuerung dienen sollen. Um eine Systematik zu erhalten, sind die Zeitpunkte/ -räume festzulegen, zu/in denen eine Risikobewertung zu erfolgen hat. Diese Systematik erstreckt sich abschließend auch auf den Zeitraum, in dem die Bewertung der eigenen Risikosituation erfolgt. Ebenso ist der Kreis der Personen festzulegen, der diese Auswertungen erhalten soll um eventuelle Absicherungsentscheidungen treffen zu können. Die vom Erfassungshandel zur Verfügung gestellten Modelle werden für das landwirtschaftliche Unternehmen die passende Absicherungsstrategie bereitstellen.

Literatur

Betriebswirtschaftliches Büro Göttingen GmbH (2009): Musterkalkulation der Deckungsbeiträge für den Weizen der Ernte 2010

DGRV Schriftenreihe Band 42 (2009): Das Risikomanagement in Waren-, Dienstleistungs- und Agrargenossenschaften: 23

Müller, Reinhard: Die landwirtschaftlichen Märkte (1917): Deutscher Buchverlag: 78

Nüssel, Manfred (2009): Mitgliederversammlung des Deutschen Raiffeisenverbandes am 18.06.2009

www.wikipedia.de Ausführungen zum Begriff der Volatilität Stand 08.03.2010

Die Welternährungssituation vor dem Hintergrund hoher Agrarpreise

Jürgen Zeddies

Die Welt steht – von vielen kaum ernsthaft wahrgenommen – vor zwei großen Herausforderungen: die Sicherung der Welternährung einer noch stark wachsenden Bevölkerung und der Ersatz endlicher fossiler Energieträger – zugleich als Beitrag zum dritten Problem, dem Klimaschutz.

Die Zunahme von Hunger, Armut und die Gefahr gewaltsamer Konflikte sind absehbar, wenn nicht schnell, entschlossen und wirkungsvoll gehandelt wird. Die diesem Beitrag vorangestellten Hypothesen zeigen ein bedrohliches Szenario auf:

– Rohstoffe für eine weltweit gigantisch angelegte Bioenergieproduktion verknappen das Nahrungsmittelangebot.
– Die Nachfrage nach Nahrungsmitteln wächst seit Jahren stärker als das Angebot.
– Die globalen Notwendigkeiten zum politischen Handeln werden nicht ernsthaft wahrgenommen und durch nationale Interessen konterkariert.
– Die Weltgemeinschaft steuert in eine krisenhafte Zuspitzung der Probleme. Hunger, Armut und Bedrohung des Friedens.

1. Bioenergie aus agrarischen Rohstoffen steht in wachsender Konkurrenz zu Nahrungsmitteln

Der Primärenergiebedarf der Welt wurde bis zum Ende des 19. Jahrhunderts fast ausschließlich durch Biomasse bereitgestellt. Mit der vor 150 Jahren einsetzenden Industrialisierung wurde vor allem Kohle verwendet und erst vor weniger als 100 Jahren begann die Gas- und Erdölförderung, die vorrangig zur Deckung des Energiebedarfs im Transportsektor Verwendung findet. Wie die Darstellung in Abbildung 1 zeigt, wurde erst vor 30 Jahren damit begonnen, einen Teil des wachsenden Energiebedarfs durch erneuerbare Energien und Kernenergie zu ergänzen bzw. zu ersetzen. Der Primärenergiebedarf ist seitdem viel stärker angestiegen als die Weltbevölkerung. Im letzten Jahrhundert haben die fossilen Energieträger weltweit ca. 80% der wachsenden Energienachfrage bereitgestellt.

Wegen der Endlichkeit der fossilen Energieträger und engen Restriktionen für den Ausbau der Kernenergie in vielen Ländern der Welt werden die erneuerbaren Energien und darunter insbesondere die Bioenergie bei der Umstellung des weltweiten Energieversorgungssystems eine herausragende Rolle spielen.

Abbildung 1: Entwicklung der Energieversorgung nach Energieträger

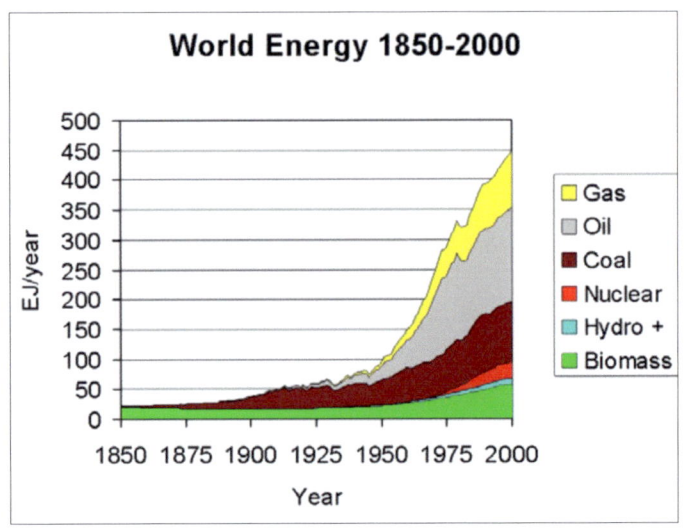

| Quelle: | Holdren, John P. (2007): Energy Policy in Theory and Practice. Presentation for the AGI Leadership Forum on Communicating Geoscience to Policymakers. Washington D.C., 30. April 2007. |

Mit der zunehmenden Globalisierung auch der Agrarmärkte und der weltweiten politischen Neuorientierung in der Energie- und Klimapolitik sind auch agrarische Rohstoffe vorübergehend knapp und teuer geworden. Der überaus kräftige Anstieg der Erzeugerpreise in Deutschland bei Getreide und Ölsaaten seit dem Jahr 2006 hat einige einmalige Bestimmungsgründe (Abbildung 2). Diese überraschend eingetretene Preisentwicklung wird teilweise allein auf die zusätzliche Nachfrage nach Getreide und Ölsaaten für die Herstellung von Biokraftstoffen zurückgeführt. Sie ist allerdings ganz überwiegend durch die seit Beginn des Jahrhunderts stark steigende globale Nahrungsmittelnachfrage bedingt. Seit der letzten Agrarreform der EU werden auch in Deutschland die Erzeugerpreise von den Weltmarktpreisen bestimmt.

Abbildung 2: Erzeugerpreisentwicklung bei Getreide und Ölsaaten in Deutschland (Jahresdurchschnitt)

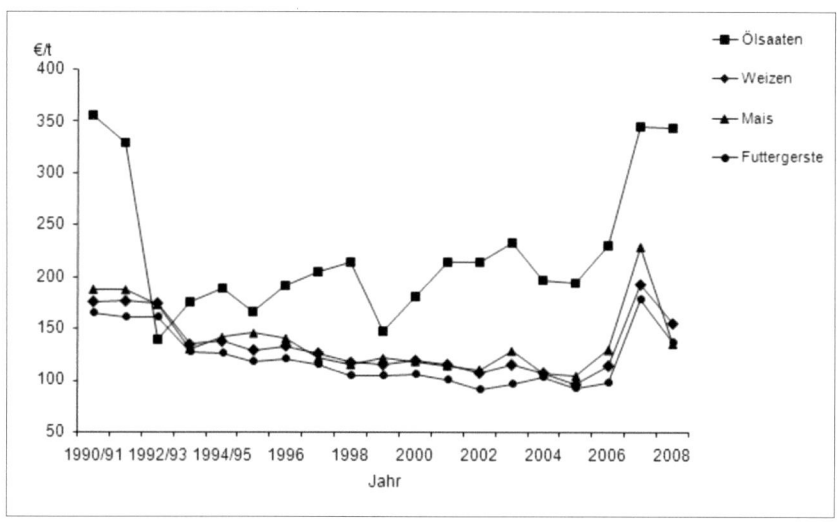

Quelle: Statistisches Jahrbuch für Ernährung, Landwirtschaft und Forsten (StJELF): Verschiedene Jahrgänge (ab 1996).

7. Zielkonflikt zwischen Bioenergie- und Nahrungsmittelmärkten

Der Primärenergiebedarf der Welt wurde bis zum Ende des 19. Jahrhunderts fast ausschließlich über Biomasse bereitgestellt. Mit der vor 150 Jahren einsetzenden Industrialisierung wurde vor allem Kohle verwendet und erst vor weniger als 100 Jahren begann die Gas- und Erdölförderung, die vorrangig zur Deckung des Energiebedarfs im Transportsektor Verwendung findet. Wegen der Endlichkeit der fossilen Energieträger und engen Restriktionen für den Ausbau der Kernenergie werden erneuerbare Energien im jetzigen Jahrhundert bei der Umstellung des weltweiten Energieversorgungssystems eine herausragende Rolle spielen.

In Deutschland nimmt die Verwendung von Bioenergie mit 4,3% des gesamten Primärenergieverbrauchs (2006) immer noch einen vergleichsweise geringen Teil ein. Wie Abbildung 3 zeigt, stellen Bioenergie und die übrigen erneuerbaren Energien zusammen knapp 6% des Primärenergieverbrauchs dar (Thrän 2007).

Traditionell und bis heute wird Biomasse vorrangig für die Wärmenutzung verwendet. Etwa 1,6% des Primärenergieverbrauchs Deutschlands wird damit gedeckt. Schätzungsweise gibt es 9 Mio. holzbefeuerte Anlagen, überwiegend in privaten Haushalten. Das inländische Brennstoffpotenzial für die Wärmeerzeugung ist vor allem Waldrestholz. Nach Schätzungen von Thrän (2007) kann dieses Brennstoffpotenzial etwa verdoppelt werden.

Abbildung 3: Energetische Biomassenutzung – Potenziale und Nutzung in Deutschland im Jahr 2006

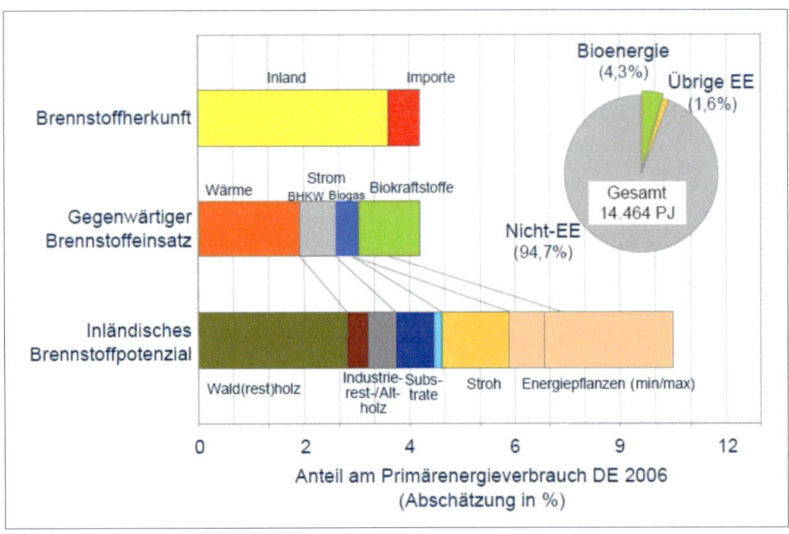

Quelle: Thrän, Daniela (2007): Energetische Biomassenutzung – Stand und Perspektiven. Innoregio Bioenergie-Treffen am 29. August 2007 in Neuzelle.

Tabelle 1: Globale Anteile der Biotreibstoffe am Rohstoffmarkt im Jahr 2006

	Mio. t	Mio. ha
Getreideerzeugung Welt insgesamt	2000	670
Ethanolerzeugung aus Getreide	65	15 (2,3%)
Davon aus Mais	50	10 (7%)
Ölsaatenerzeugung Welt insgesamt	400	200
Davon Raps	45	30
Biodieselerzeugung aus Raps	30%	10
Globale Getreide- und Ölsaatenfläche insgesamt		870
Davon für Biokraftstoffe insgesamt		25 (2,8%)

Quelle: Eigene Berechnungen.

Wie Tabelle 1 zeigt, wurden im Jahr 2006 etwa 15 Mio. ha Getreide (davon 10 Mio. ha Mais) zur Bioethanolproduktion verwendet. Dies machte etwa 2,3% der globalen Getreidefläche aus (7% der globalen Maisfläche). Für die Produktion von Biodiesel wurden etwa 10 Mio. ha im Jahr 2006 verwendet, das entsprach 5% der globalen Ölsaatenfläche. Insgesamt wurden von der Getreide- und Ölsaatenfläche (870 Mio. ha) knapp 3% für die Herstellung von Biokraftstoffen genutzt. Hinzuzurechnen sind etwa 2,5 Mio. ha Zuckerrohrfläche für die Bioethanolerzeugung. Bezieht man die Summe dieser Energiepflanzenfläche von ca. 28 Mio. ha auf die global verfügbare Ackerfläche von fast 1,5 Mrd. ha, wurden im Jahr 2006 nur etwa 2% der Fläche für Bioenergieträger genutzt. Allerdings wurden für Bioenergieträger vorzugsweise die Flächen verwendet, die mit der höchsten Flächenproduktivität ausgestattet sind. Im Übrigen können die Energiepflanzenflächen vernachlässigt werden, die für die Produktion von Biogas und Kurzumtriebsplantagen Verwendung finden.

Wenn die ehrgeizigen politischen Ziele auch nur annähernd erreicht werden, steigt der globale Bedarf an Fläche für Bioenergieträger bis zum Jahr 2020 erheblich. Für die geplante Erzeugung von Bioethanol aus Getreide im Umfang von knapp 70 Mio. t werden ca. 320 Mio. t Getreide benötigt. Das entspräche einem Anteil von 16% der Weltgetreideerzeugung des Jahres 2006. Infolge der erwarteten Ertragssteigerungen bis zum Jahr 2020 würde sich dieser Anteil verringern. Für die geplante Produktion von über 50 Mio. t Biodiesel weltweit würden ca. 130 Mio. t Ölsaaten produziert werden müssen. Dies entspräche sogar 30 % der Weltpflanzenölerzeugung des Jahres 2006. Und auch bei Zucker produzierenden Pflanzen würde der Anteil der für die Bioethanolerzeugung verwendeten Flächen deutlich ansteigen.

8. Bioenergieproduktion fördert die Verknappung der Agrarrohstoffe

Nachdem in den letzten Jahren marktrelevante und in Zukunft noch kräftig zunehmende Kapazitäten für die Produktion von Bioenergieträgern weltweit existieren, werden die Agrarpreise stärker an die Preise für fossile Energieträger gekoppelt sein, d.h. ein Szenario nachhaltig niedriger Rohölpreise bei anhaltend hohen Agrarpreisen ist ebenso unrealistisch wie ein Szenario nachhaltig hoher Rohölpreise und anhaltend niedriger Agrarpreise. Die Fluktuation bei beiden Gütergruppen wird hoch sein. Bei den fossilen Energiepreisen ist das nicht neu, wohl aber bei den Agrarpreisen.

Bioenergie wird zum Nahrungskonkurrenten durch nationale Politikinteressen: Länder mit hohen Agrarüberschüssen und bedrohlicher Einfuhrabhängigkeit bei fossilen Rohstoffen handeln im Interesse ihrer Volkswirtschaft, aber gegen die Notwendigkeiten einer für die Nahrungsmittelversorgung global verantwortlichen Weltgemeinschaft.

4. Die Nachfrage nach Nahrungsmitteln wächst seit Jahren stärker als das Angebot

Die Entwicklung der Weltbevölkerung lässt ein Wachstum bis zum Jahr 2020 von etwa 1%/Jahr erwarten (Tabelle 2). Der durchschnittliche Pro-Kopf-Verbrauch in Tabelle 3 wurde als linearer Trend aus den letzten 15 Jahren berechnet. Dieser steigt bis 2020 nur um 0,75%/Jahr. Danach wird der Pro-Kopf-Verbrauch stärker steigen als der sich abschwächende Trend des Bevölkerungswachstums.

Tabelle 2: Bevölkerungsentwicklung bis 2050 und Pro-Kopf-Einkommen

Land	Bevölkerung					Pro-Kopf-Einkommen
	Ø 2002 - 2005 (Tsd)	Änderung in %				US $/Jahr Ø 2002 - 2005
		2003 - 2010	2010 - 2015	2015 - 2020	2020 - 2050	
Deutschland	82.476	0,12	-0,09	-0,25	-3,83	28.500
EU-27	484.638	0,34	-0,10	-0,35	-6,50	22.305
Europa	791.611	0,00	-0,37	-0,71	-8,78	15.403
Nordamerika	325.553	6,89	4,54	4,29	17,98	38.336
Mittelamerika	169.921	10,16	5,98	5,14	15,95	4.980
Südamerika	362.096	9,17	5,55	4,79	16,21	2.966
Amerika	857.570	8,50	5,25	4,67	16,83	16.950
Australien	19.731	6,15	3,83	3,47	13,59	25.260
Ozeanien	5.935	5,19	3,03	2,64	5,15	13.484
Asien	3.677.249	8,23	5,07	4,22	11,50	2.535
Afrika	794.128	15,73	9,95	9,07	47,23	795
Gesamt 133 (134) Länder	6.146.224	8,17	5,02	4,26	14,21	6.005

Quelle: Eigene Berechnungen nach FAO-Statistik.

Tabelle 3: Pro-Kopf-Verbrauch an Nahrungsmitteln bis 2050 und Selbstversorgungsgrad

Land	Pro-Kopf-Verbrauch					Anteil Selbstversorgung Nahrungsmittel
	Ø 2002 - 2005 (GE)	Änderung in %				Ø 2002 - 2005
		2003 - 2010	2010 - 2015	2015 - 2020	2020 - 2050	
Deutschland	1.178	1,48	0,00	0,00	0,00	1,0840
EU-27	1.186	3,17	0,63	0,42	3,79	1,0112
Europa	1.051	2,29	1,26	1,13	7,59	0,9710
Nordamerika	1.667	4,64	0,00	0,00	0,00	1,0760
Mittelamerika	738	6,32	3,46	3,46	20,77	0,8525
Südamerika	924	3,21	1,98	1,98	11,89	1,1603
Amerika	1.169	4,37	1,52	1,52	9,14	1,0673
Australien	1.344	-0,78	-0,55	-0,55	-3,33	1,6357
Ozeanien	969	-3,62	0,59	0,59	3,56	2,9162
Asien	495	9,13	5,21	5,21	31,28	0,9593
Afrika	399	2,58	1,92	1,92	11,55	0,8154
Gesamt 133 (134) Länder	652	6,69	3,74	3,73	22,46	0,9613

Abbildung 4: Änderung des Nahrungsmittelverbrauchs in Prozent 1993-2003 (134 Länder der Welt)

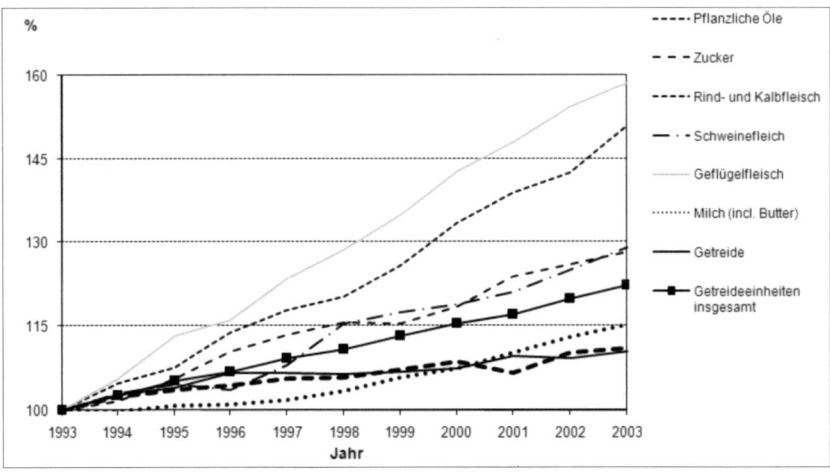

Quelle: Eigene Berechnungen nach FAO- Statistik.

In Abbildung 4 sind die weltweiten Verbrauchmengen an Nahrungsmitteln im Einzelnen und aggregiert zu Getreideeinheiten dargestellt. Die Darstellung zeigt, dass bei weltweiter Zusammenfassung aller Verbrauchsänderungen in den 134 Staaten ziemlich kontinuierliche Wachstumsraten für den Weltverbrauch der einzelnen Produkte zu beobachten sind. Besonders hoch sind die Verbrauchszuwächse bei pflanzlichen Ölen und Geflügelfleisch.

In Abbildung 5 sind die Verbrauchstrends der Basisperiode bis 2002/2005 als lineare Trends berechnet und für die Jahre 2010 und 2020 prognostiziert. Daraus folgt, dass im Jahr 2020 gegenüber dem Basisjahr 2003 etwa 55% mehr Geflügelfleisch, 50% mehr Schweinefleisch, 30% mehr pflanzliche Öle, 25% mehr Zucker, 10% mehr Getreide und knapp 10% mehr Rind- und Kalbfleisch sowie Milch bzw. Milchprodukte produziert werden müssen.

Abbildung 5: Prognose des Gesamtverbrauchs an Nahrungsmitteln nach Produktgruppen bis 2020 (134 Länder der Welt)

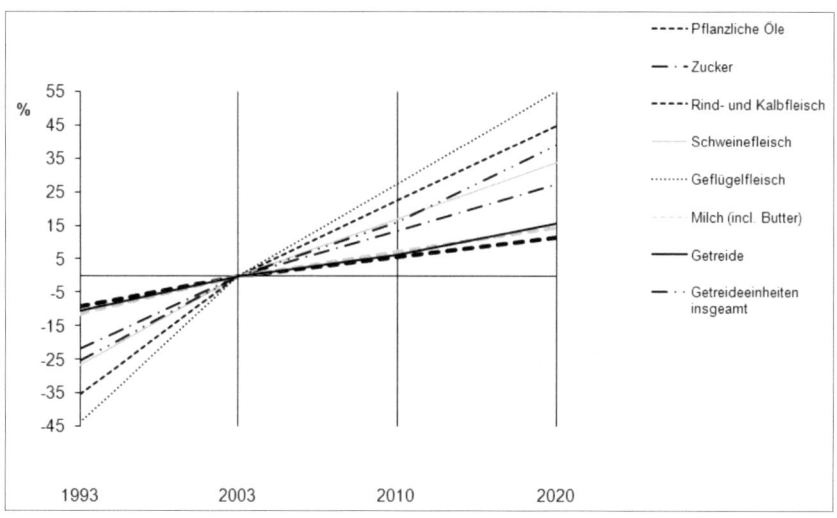

Quelle: Eigene Berechnungen.

9. Globale Entwicklung des Angebots von Agrarrohstoffen

Wie die Daten in Tabelle 4 zeigen, ist die Abnahme der landwirtschaftlich genutzten Fläche in den EU-Mitgliedstaaten etwa zwei bis drei Mal so hoch wie in Deutschland. In Nordamerika, Australien und den übrigen Ozeanien-Staaten nimmt die landwirtschaftlich genutzte Fläche ab, während sie im Durchschnitt der anderen Kontinente bzw. Teilkontinente zum Teil deutlich zunimmt. Besonders stark ist der Zuwachs landwirtschaftlich genutzter Flächen in Südamerika. Allerdings erreicht der Zuwachs an Agrarland nicht einmal 0,1%/Jahr, also nur ein Zehntel des jährlichen Bevölkerungszuwachses. Dies hängt auch damit zusammen, dass die Landverluste durch Degradation, Wüstenausdehnung und andere Gründe hoch sind und im Trend zunehmen.

Tabelle 4: Landwirtschaftlich genutzte Fläche und Ackerfläche bis 2050 (134 Länder der Welt)

Land	Landwirtschaftlich genutzte Fläche					Ackerfläche				
	Ø 2002 - 2005 (Tsd ha)	Änderung in %				Ø 2002 - 2005 (Tsd ha)	Änderung in %			
		2003 - 2010	2010 - 2015	2015 - 2020	2020 - 2050		2003 - 2010	2010 - 2015	2015 - 2020	2020 - 2050
Deutschland	17.003	-1,31	-0,94	-0,94	-5,61	11.855	0,72	0,51	0,51	3,09
EU-27	193.566	-3,07	-2,05	-2,05	-12,30	111.203	-3,02	-2,16	-2,16	-12,94
Europa	515.360	-1,56	-1,06	-1,06	-6,36	303.066	-3,27	-2,33	-2,33	-13,99
Nordamerika	483.137	-1,26	-0,90	-0,90	-5,39	221.089	-2,49	-1,78	-1,78	-10,65
Mittelamerika	138.814	1,96	1,40	1,40	8,38	35.295	1,74	1,25	1,25	7,47
Südamerika	552.957	2,21	1,58	1,58	9,48	106.108	5,60	4,00	4,00	24,00
Amerika	1.174.908	0,76	0,54	0,54	3,24	362.491	0,29	0,21	0,21	1,26
Australien	442.940	-2,71	-1,94	-1,94	-11,62	48.296	3,44	2,46	2,46	14,76
Ozeanien	17.800	-0,51	-0,36	-0,36	-2,18	1.800	-2,01	-1,43	-1,43	-8,60
Asien	1.587.284	0,97	0,69	0,69	4,16	471.114	2,33	1,66	1,66	9,98
Afrika	1.027.978	2,10	1,50	1,50	8,99	183.583	3,87	2,77	2,77	16,60
Gesamt 133 (134) Länder	4.766.269	0,54	0,39	0,39	2,35	1.370.349	0,67	0,48	0,48	2,88

Quelle: Eigene Berechnungen nach FAO-Statistik.

Weltweit wächst die Ackerfläche im relativen Maßstab doppelt so schnell wie die gesamte landwirtschaftliche Nutzfläche. Die in die Analyse einbezogenen Länder verfügen allerdings über mehr als zweimal so viel Graslandfläche wie Ackerfläche. Insgesamt beträgt der Zuwachs an landwirtschaftlich genutzter Fläche pro Jahr weniger als 0,1% und der Zuwachs an Ackerfläche weniger als 0,2%. Daraus ergibt sich, dass die wachsende Nachfrage nach Nahrungsmitteln und Bioenergie im Wesentlichen auf der existierenden und praktisch nicht ausdehnungsfähigen landwirtschaftlichen Nutzfläche bereitgestellt werden muss.

Ein wesentliches Potenzial für die Angebotssteigerung der Agrarproduktion besteht in Brachflächen, die landwirtschaftlich nutzbar sind, unter früher günstigeren Rahmenbedingungen auch genutzt wurden, aber derzeit nicht zur Produktion verwendet werden. In Tabelle 5 sind die Brachflächen und die nationalen Flächenpotenziale bei Verzicht auf die in Industrieländern überwiegend subventionierten Exporte zusammengestellt.

Tabelle 5: *Flächenfreisetzung aus der Nahrungsmittelproduktion in der Basis (2002-2005) in 134 Ländern der Welt*

Land	Brach-flächen	Flächenpotenzial Ø 2002 - 2005 in Tsd ha			Insgesamt
		Überschuss			
		Pfl.Pro-duktion	Milch-produktion	Rindfl.-produktion	
Deutschland	838	1.438	480	443	3.199
EU-27	14.145	9.390	4.919	2.140	30.595
Europa	103.121	14.531	6.756	2.491	126.932
Nordamerika	93.373	31.182	-400	373	126.123
Mittelamerika	15.279	1.241	-4.148	-2.322	17.468
Südamerika	19.100	16.102	5.734	25.904	71.140
Amerika	127.753	49.985	7.604	29.296	214.732
Australien	24.909	12.268	65.658	89.925	192.760
Ozeanien	3.219	138	8.197	1.628	13.182
Asien	47.595	13.832	41	675	62.188
Afrika	43.337	352	270	65	45.451
Gesamt 133 (134) Länder	349.933	91.105	88.527	124.081	655.244

Quelle: Eigene Berechnungen nach FAO-Statistik.

Weltweit sind nach der Statistik der FAO 350 Mio. ha landwirtschaftlich nutzbare Fläche als Brachflächen deklariert. Insgesamt waren Anfang des Jahrhunderts also knapp 10% der landwirtschaftlich genutzten Fläche als Brachfläche ausgewiesen. Es ist davon auszugehen, dass ein großer Teil dieser Flächen potenzielles Ackerland darstellt.

Auf dem Ackerland werden deutlich höhere Produktivitäten als auf Grasland erzielt. Deshalb ist davon auszugehen, dass mit der Innutzungnahme ökonomisch rentabel zu bewirtschaftender Brachflächen eine deutliche Steigerung der Weltagrarproduktion ermöglicht werden kann.

Tabelle 6: Getreideflächen- und Ertragsentwicklung bis 2050 in 134 Ländern der Welt

Land	Getreidefläche Ø 2002 - 2005 (Tsd ha)	Getreideertrag dt/ha Ø 2002 - 2005	Änderungsraten der Erträge in % (gewogenes Mittel) der AF				Änderungsraten der Erträge in % (gewogenes Mittel) der LF			
			2003 - 2010	2010 - 2015	2015 - 2020	2020 - 2050	2003 - 2010	2010 - 2015	2015 - 2020	2020 - 2050
Deutschland	6.892	65,2	9,73	6,95	6,95	41,70	5,58	3,99	3,99	23,93
EU-27	60.065	48,0	7,86	5,61	5,61	33,68	5,10	3,64	3,64	21,84
Europa	133.337	33,8	13,22	9,44	9,44	56,64	7,88	5,63	5,63	33,76
Nordamerika	73.038	54,5	9,71	6,93	6,93	41,60	5,28	3,77	3,77	22,65
Mittelamerika	12.942	27,6	6,86	4,90	4,90	29,42	4,66	3,33	3,33	19,99
Südamerika	35.930	32,7	15,28	10,91	10,91	65,48	7,36	5,26	5,26	31,56
Amerika	121.910	45,2	11,06	7,90	7,90	47,40	6,18	4,41	4,41	26,47
Australien	19.299	17,3	2,05	1,47	1,47	8,80	0,84	0,60	0,60	3,59
Ozeanien	134	68,8	12,01	8,58	8,58	51,46	6,79	4,85	4,85	29,09
Asien	291.214	33,6	9,50	6,79	6,79	40,73	5,21	3,72	3,72	22,31
Afrika	92.133	13,7	8,24	5,89	5,89	35,31	7,41	5,29	5,29	31,74
Gesamt 133 (134) Länder	658.028	32,5	10,24	7,31	7,31	43,87	5,79	4,14	4,14	24,82

Quelle: Eigene Berechnungen nach FAO-Statistik.

Ein weiterer Ansatzpunkt zur Steigerung der Agrarproduktion besteht in der Erhöhung der Produktivität. Die Zusammenstellung der Getreideflächen, Getreideerträge und Änderungsraten der gewogenen Erträge auf den Ackerflächen und der landwirtschaftlich genutzten Fläche insgesamt zeigt die eklatanten Unterschiede in der Produktivität zwischen den wichtigen Agrarländern (Tabelle 6). Während Deutschland mit einem Durchschnittsertrag von 66 dt/ha ein hohes Ertragsniveau und vergleichsweise hohe relative Ertragszuwächse aufweist, fällt der Durchschnitt der EU-27 im Ertragsniveau und in den Zuwachsraten bereits deutlich ab. Der Durchschnitt der europäischen Staaten wird durch das niedrige Ertragsniveau in Russland, Ukraine und Weißrussland gravierend nach unten gedrückt, allerdings ergeben sich über den Betrachtungszeitraum auf niedrigem Niveau relativ hohe Ertragszuwachsraten.

Hohe Ertragszuwächse ergeben sich in Nordamerika, die auch durch die Ausdehnung des ertragsstarken Körnermaises bedingt sind. Australien hat niedrige Getreidedurchschnittserträge mit geringen Zuwachsraten, offenbar stark bedingt durch Probleme mit Trockenheit. Demgegenüber sind die Erträge und Ertragszuwachsraten in Asien überproportional hoch und in Afrika überproportional niedrig. Im Durchschnitt aller betrachteten Länder wurde in der Vergangenheit ein Ertragszuwachs von knapp 1,5%/Jahr erzielt, der auch für die mittelfristige Zukunft unterstellt werden kann. Bezieht man die Erträge auf dem Grasland mit ein und ermittelt die Ertragsänderungen für die gesamte landwirtschaftlich ge-

Die Welternährungssituation vor dem Hintergrund hoher Agrarpreise 99

nutzte Fläche, reduzieren sich die Ertragsfortschritte für den Durchschnitt aller Länder auf 30% der Ertragszuwächse der Ackerflächen. Weltweit werden auf den umfangreichen Graslandflächen praktisch keine Ertragszuwächse erzielt. Das schließt nicht aus, dass teilweise die Viehbestände erhöht werden mit den bekannten Folgen der Überweidung und der Degradation der Böden.

In diesem Zusammenhang ist aber darauf hinzuweisen, dass die Welternährung im Wesentlichen über die Ackerflächen sichergestellt wird. Die Erträge der Ackerflächen sind ja auch vor allem erforderlich, um den wachsenden Bedarf an Getreide, pflanzlichen Ölen, Schweine- und Geflügelfleisch zu decken, die mit den höchsten Wachstumsraten steigen. Dem gegenüber machen die vom Grasland überwiegend erzeugten Produkte Milch und Rindfleisch einen geringeren Anteil der Nachfrage aus und wachsen auch mit niedrigen Zuwachsraten.

10. Flächenpotenziale für Non-Food-Verwendungen

Aus der Gegenüberstellung der Flächenansprüche und der Produktivitätssteigerungen ergibt sich das Flächenpotenzial, das für andere Zwecke als die Bedienung der inländischen Nahrungsmittelnachfrage zur Verfügung stehen könnte.

Tabelle 7: Flächenpotenziale, die nicht für die inländische Nahrungsmittelversorgung benötigt werden (134 Länder der Welt)

Land	Ø 2002-2005	%	2010	%	2015	%	2020	%	2050	%
Deutschland	3.199	18,81	3.547	20,86	3.968	23,34	4.389	25,82	6.549	39,03
EU-27	30.595	15,81	26.427	13,65	27.788	14,36	29.418	15,20	38.462	19,87
Europa	126.932	24,63	140.725	27,31	151.676	29,43	163.129	31,65	216.656	42,04
Nordamerika	126.123	26,11	96.968	20,07	90.913	18,82	85.804	17,76	65.571	13,57
Mittelamerika	17.468	12,58	249	0,18	-7.962	-5,74	-14.487	-10,44	-31.112	-22,41
Südamerika	71.140	12,87	65.857	11,91	68.001	12,30	73.770	13,34	145.858	26,38
Amerika	214.732	18,28	163.073	13,88	150.952	12,85	145.088	12,35	180.317	15,35
Australien	192.760	43,52	169.046	38,16	153.887	34,74	139.666	31,53	72.115	16,73
Ozeanien	13.182	74,05	13.426	75,43	13.429	75,44	13.440	75,50	13.570	76,23
Asien	62.188	3,92	-187.116	-11,79	-331.204	-20,87	-453.411	-28,57	-1.007.654	-63,48
Afrika	45.451	4,42	-107.543	-10,46	-193.681	-18,84	-264.540	-25,73	-700.785	-68,17
Gesamt 133 (134) Länder	655.244	13,75	191.611	4,02	-54.941	-1,15	-256.629	-5,38	-1.225.783	-25,72

Flächenpotenzial in Tsd ha und %

Quelle: Eigene Berechnungen nach FAO-Statistik.

In der Basisperiode 2002-2005 ergab sich ein beträchtliches Potenzial für Agrarrohstoffe für eine Verwendung außerhalb des Nahrungsmittelversorgungsbereichs. Dabei ist unterstellt, dass die verfügbaren Brachflächen schon bis 2010 zu 100% in Nutzung genommen werden: Dies war bisher für fast 360 Mio. ha weltweit nicht der Fall wegen überfüllter Agrarmärkte und wenig effizienter Konversionsverfahren für Bioenergie.

Die Rechnungen (Tabelle 7) weisen für die Basis 2002 bis 2005 ca. 655 Mio. ha Flächenpotenzial für Non-Food-Verwendungen aus, etwa 14% der landwirtschaftlich genutzten Fläche. Davon entfielen rund 350 Mio. ha auf Brache, das sind landwirtschaftlich nicht genutzte, aber nutzbare Flächen. Weitere 300 Mio. ha Fläche diente in Agrarüberschussländern als Export/Import-Überschuss für nachwachsende Rohstoffe bzw. für die Belieferung des Weltmarktes, teilweise zu subventionierten Preisen. Daneben gab es Staaten mit Import/Export-Defiziten, sodass per Saldo weltweit nicht 655, sondern nur 527 Mio. ha Flächenpotenzial für Non-Food-Zwecke zur Verfügung stand. Die absolute Menge verfügbarer Flächen erscheint enorm groß. Der Eindruck relativiert sich allerdings, wenn man auf die gesamt verfügbare Fläche bezieht und diese nur 10-14% davon ausmacht. Die aktuelle Verknappung der Nahrungsmittel hat gezeigt, dass dieses Potenzial durch unerwartete Nahrungsmittelnachfrage in bevölkerungsreichen Ländern schnell erschöpft sein kann.

Die verfügbaren Non-Food-Potenziale für die Jahre 2010, 2015, 2020 und 2050 schrumpfen im Zeitablauf durch wachsende Bevölkerung und steigenden Pro-Kopf-Verbrauch weltweit so stark, dass schon 2015 und spätestens 2020, insbesondere aber in 2050 praktisch keine Ressourcen für Bioenergie und andere Nichtnahrungsmittelverwendungen mehr zur Verfügung stehen; es sei denn, dass weltweit höhere Ertragssteigerungen auf der begrenzt verfügbaren Fläche entwickelt und umgesetzt werden als sie bisher erzielt und für die Berechnungen angenommen wurden. Gleichwohl gibt es Länder und Kontinente, die über beträchtliche Potenziale für Agrarrohstoffe verfügen und über die Inlandsversorgung der Bevölkerung mit Nahrungsmitteln hinaus diese entweder zu Bioenergieträgern umwandeln oder als Agrarrohstoffe oder Nahrungsgüter exportieren können. Da es gleichzeitig in einigen Regionen der Erde mit der Nahrungsmittelversorgung zunehmend knapper wird, werden sich Weltmarktpreise und Agrarhandel so entwickeln, dass die Grundversorgung mit Nahrungsmitteln in den Zuschussgebieten der Erde sichergestellt wird, gleichwohl zu vergleichsweise höheren Preisen und mit Zunahme von Armut und Hunger.

Dieses Szenario muss allerdings nicht zwingend weltweit eintreten. Voraussetzung dazu ist allerdings, dass weltweit Anstrengungen unternommen werden, die laufenden Trends in Nahrungsmittelnachfrage und Nahrungsmittelangebot zu brechen.

Die Welternährungssituation vor dem Hintergrund hoher Agrarpreise 101

11. Bewertung verschiedener Alternativszenarien der agrarwirtschaftlichen Entwicklung

Die oben dargelegten Prognosen basieren auf der grundsätzlichen Annahme, dass sowohl die nationalen als auch die globalen wirtschaftlichen und politischen Rahmenbedingungen keine gravierenden Richtungsänderungen erfahren. Dieses Szenario wird unter dem Begriff ‚Business as Usual' gefasst und gilt als Referenz für grundsätzlich denkbare, teilweise aber wohl nur hypothetische Alternativszenarien.

Es gelten die derzeit gegebenen rechtlichen und wirtschaftlichen Rahmenbedingungen auch für die Zukunft. Das heißt, zunehmend angeprangerte Entwicklungen wie Waldrodungen, Weidelandumbruch und Verlust wertvoller landwirtschaftlicher Flächen für Industrie und Verkehrszwecke finden weiter statt. Die grüne Gentechnik breitet sich weiter aus. Es gibt keine Neueinführung von intensitätsdämpfenden Maßnahmen, bestehende bleiben wirksam. All diese bisher stattgefundenen Entwicklungen manifestieren sich in den dem Basisszenario zugrunde liegenden Trends.

12. Szenarien alternativer agrarwirtschaftlicher Entwicklung

Von verschiedenen Interessengruppen wird gefordert, die agrarwirtschaftlichen Entwicklungen weltweit stärker auf Naturschutz und ökologische Nachhaltigkeit auszurichten sowie auch die Verzehrsgewohnheiten in überernährten Bevölkerungsgruppen zu ändern. Eine erfolgreiche Umsetzung solcher Forderungen hätte gravierende Auswirkungen. Diese werden in folgenden Alternativszenarien untersucht.

Alternativszenario „Naturschutz": Regenwaldrodungen finden nicht mehr statt. In Ländern mit umfangreichen Brachflächen erfolgt ein Rückbehalt eines Teils dieser Flächen zum Zweck des Naturschutzes. Für den Prozess der Wiederinnutzungnahme der Brache wird unterstellt, dass in der Basis 30%, im Jahr 2010 50% und im Jahr 2020 70% der verfügbaren Brachflächen für die Produktion von Agrarrohstoffen genutzt werden, während der Rest dem Naturschutz vorbehalten bleibt. In Ländern mit politisch verordneten Brancheprogrammen (EU 15, USA) wurde unterstellt, dass die Brachflächen schon in der Basis zu 80% zum Anbau genutzt werden dürfen. Der Rest bleibt wiederum dem Naturschutz vorbehalten. Immerhin sind das in Deutschland ca. 200.000 ha.

Alternativszenario „Ökologische Nachhaltigkeit": Es wird unterstellt, dass grundsätzlich in allen Ländern ein Umbruch von Grün- und Weideland nicht mehr stattfindet. Weiterhin wird angenommen, dass Bewirtschaftungsmethoden stärker auf Nachhaltigkeit und sparsameren Umgang mit Ertrag steigernden

Hilfsmitteln ausgerichtet werden. Gleichzeitig wird in Ländern mit hoch intensiver Landwirtschaft der Anteil des ökologischen Landbaues schneller erhöht als bisher. Auf die Nutzung der „Grünen Gentechnik" wird weitgehend verzichtet. Als Folge davon wird für die Angebotsentwicklung unterstellt, dass die Ertragsfortschritte gegenüber der Basis bis zum Jahr 2010 um 10%, bis 2015 um 20% und bis 2020 (bis 2050) um 30% geringer sein werden als bisher für die Basis ermittelt und unterstellt wurde.

Alternativszenario „Änderung des Ernährungsverhaltens": In diesem Szenario wird (hypothetisch) unterstellt, dass in allen Ländern mit einem deutlich über den Empfehlungen der Weltgesundheitsorganisation liegenden Nahrungsverbrauchsniveau eine Änderung der Verzehrsgewohnheiten erfolgt. Für die Berechnungen wird vorgegeben, dass alle Länder, die mehr als 850 Getreideeinheiten je Kopf und Jahr verbrauchen, den Pro-Kopf-Verbrauch um maximal 30% reduzieren, nicht aber unter die Grenze von 850 Getreideeinheiten fallen. Dies trifft für Länder wie USA, Kanada, Australien und die meisten EU-Länder zu. Länder, die unter dem Pro-Kopf-Verbrauch von 850 Getreideeinheiten/Jahr liegen, schränken den Pro-Kopf-Verbrauch nicht ein.

Kombinationsszenario „Ökologische Nachhaltigkeit und verändertes Ernährungsverhalten": In diesem Szenario werden beide Szenarien gleichzeitig vorgegeben. Die Weltgemeinschaft steuert in eine krisenhafte Zuspitzung der Probleme: Hunger, Armut, Migration und Bedrohung des Friedens.

Die Auswirkungen alternativer Entwicklungen betreffen und verändern das Agrarangebot und die Nahrungsmittelnachfrage in vielen Details. Es würde den Rahmen der Darstellung sprengen, diese wie für die oben erläuterten Basisrechnungen und -ergebnisse darzustellen. Deshalb werden die Ergebnisse nur nach dem Kriterium des über die Nahrungsmittelversorgung hinausgehenden Flächenpotenzials für Non-Food-Verwendungen interpretiert (Tabelle 8).

Basisszenario „Business as Usual": Im Basisszenario „Business as Usual" ergibt sich – wie bereits dargestellt – ein beträchtliches Potenzial für Agrarrohstoffe für eine Verwendung außerhalb des Nahrungsmittelversorgungsbereichs. Weltweit waren das etwa 14% der landwirtschaftlich genutzten Fläche. Die verfügbaren Non-Food-Potenziale für die Jahre 2010, 2015, 2020 und 2050 schrumpfen im Zeitablauf durch wachsende Bevölkerung und steigenden Pro-Kopf-Verbrauch weltweit so stark, dass schon 2015 und insbesondere 2050 praktisch keine Ressourcen für Bioenergie und andere Nichtnahrungsmittelverwendungen mehr zur Verfügung stehen, es sei denn, dass weltweit höhere Ertragssteigerungen auf der begrenzt verfügbaren Fläche entwickelt und umgesetzt werden als für die Berechnungen angenommen wurde (Subalternative). Dies könnte durch unbeschränkte Nutzung der Gentechnologie, mehr Forschung und Entwicklung im Agrarbereich und darauf stark fokussierte Entwicklungshilfe erreicht werden. Unter diesem Szenario würde erst ab dem Jahr 2020 ein defizitäres Angebot für Nahrungsmittel entstehen, das bis zum Jahr 2050 auf 14% der Agrarfläche ansteigt. Durch Änderung des Nachfrageverhaltens, Änderung der Produktionsstruktur zu Gunsten ertragreicher Kulturen und stärkere Ausnutzung der Ertragssteigerungspotenziale kann dieses Defizit leicht beseitigt werden. Da die Verschiebung von Angebot und Nachfrage mit Preissteigerungen bei Agrarrohstoffen einhergehen wird, werden entsprechende Wirkungen auf das Agrarangebot und auf die Nahrungsmittelnachfrage ausgehen, so dass der globale Markt volatiler, aber längerfristig im Gleichgewicht bleiben wird.

Tabelle 8: Flächenpotenziale für Non-Food-Verwendungen bei alternativen agrarwirtschaftlichen Entwicklungen

Szenario	Flächenbilanz (% der LF)				
	Basis	2010	2015	2020	2050
Basisszenario: Business as usual	14	4	-1	-5	-26
mit 50 % höherem Ertragszuwachs	14	6	3	0	-14
Alternativszenario: "Naturschutz"	14	-2	-10	-17	-43
mit 50 % höherem Ertragszuwachs	14	1	-6	-11	-30
Alternativszenario: "ökologische Nachhaltigkeit"	14	-2	-12	-21	-55
Alternativszenario: "Änderung des Ernährungsverhaltens"	14	6	-3	-9	-30
mit 50 % höherem Ertragszuwachs	14	8	1	-4	-19
Kombinationsszenario: "ökologische Nachhaltigkeit und geändertes Ernährungsverhalten"	14	5	-5	-13	-42

Quelle: Eigene Berechnungen.

Alternativszenario „Naturschutz": Das Alternativszenario „Naturschutz" unterscheidet sich von dem Basisszenario „Business as Usual" zunächst nur dadurch, dass auf die Umwandlung von Waldflächen zur landwirtschaftlichen Nutzung verzichtet wird. Dabei ist unterstellt, dass schon in der Zeit von der Basisperiode bis 2010 kein Wald mehr gerodet worden wäre. Die Forstfläche der untersuchten Länder beträgt fast 5 Mrd. ha. Sie ist damit geringfügig größer als die landwirtschaftlich genutzte Fläche. Während global die landwirtschaftlich genutzte Fläche leicht zugenommen hat, ging die Forstfläche in etwa gleicher Größenordnung zurück. In Europa und Nordamerika haben die Forstflächen in nahezu allen Ländern leicht zugenommen. In Mittelamerika hat die Forstfläche in allen Staaten außer in Kuba kräftig abgenommen. In Südamerika, vor allem in Brasilien, das fast 20% der Waldflächen der Erde besitzt, wurden in den letzten 15

Jahren fast 50 Mio. ha Wald abgeholzt. In Asien hat die Waldfläche insgesamt etwas zugenommen bei einer kräftigen Abnahme in den Ländern Indonesien, Malaysia, Myanmar, Kambodscha.

Auf die Flächenpotenziale für Non-Food-Verwendung hat sich die Abnahme der Forstflächen im Bereich von weniger als 0,1% pro Jahr zwar ausgewirkt, dieser Effekt ist aber durch die globale Zunahme der landwirtschaftlich genutzten Flächen überkompensiert worden. Auf Regenwaldrodungen könnte man aus Naturschutz- und Ernährungssicherungsgründen durchaus verzichten.

Die Ergebnisse dieses Szenarios zeigen dennoch eine kräftige Abnahme der Flächenpotenziale für die Non-Food-Verwendung gegenüber dem Basisszenario „Business as Usual", die schon im Jahr 2020 zu einer deutlichen Störung des Gleichgewichts zwischen Nahrungsmittelangebot und Nahrungsmittelnachfrage führen kann. Dies ist zurückzuführen auf die Annahme, dass die Brachflächen in den USA und in der EU nur zu 80% wieder in Nutzung genommen werden und alle übrigen Länder die dort bisher verfügbaren brachgelegten Flächen im Jahr 2010 nur zu 30% nutzen und im Jahr 2020 nur zu 70% (bis zum Jahr 2050). Als Folge ist davon auszugehen, dass entweder die Angebotsbereitstellung durch signifikante Produktivitätssteigerung oder die Nahrungsmittelnachfrage durch steigende Preise und andere Umstände geändert wird. Im Jahr 2020 ergibt sich ein beträchtliches Defizit bei den landwirtschaftlich genutzten Flächen für die Nahrungsmittelproduktion von 17%, das bis zum Jahr 2050 auf 43% ansteigt. Selbst bei 50% höheren Ertragssteigerungen käme es in diesem Szenario zu ernsthaften Ungleichgewichten auf den Nahrungsmittelmärkten. Gleichwohl kann gefolgert werden, dass ein Verzicht auf Waldrodungen für die Ernährungssicherung unproblematisch erscheint.

Alternativszenario „Ökologische Nachhaltigkeit": Bei diesem Szenario wird unterstellt, dass weltweit ökologische Ziele in Landbewirtschaftung und Landschaftsnutzung stärker verfolgt werden. Dabei wird auf Umbruch von Weideland verzichtet. Dass dies in beträchtlichem Ausmaß in der Vergangenheit geschehen ist, zeigen die Daten der Länder, die den Umbruch von Weideland in relativ stärkstem Maße durchgeführt haben. Die absolut größten Graslandflächen sind in Australien in den letzten 15 Jahren umgebrochen worden. Aber auch in Deutschland, Frankreich, Polen hat Weideumbruch in größerem Umfang stattgefunden. Aus Gründen des Klimaschutzes soll diese Nutzungsänderung in diesem Szenario nicht mehr erfolgen.

Weiterhin wird in diesem Szenario der Einsatz von Ertrag steigernden agrochemischen Hilfsmitteln sukzessive reduziert, auf „Grüne Gentechnik" verzichtet und der ökologische Landbau kräftig ausgedehnt. Schon im Jahr 2010 wäre die Nahrungsmittelversorgung leicht defizitär. Bei weiter steigender Extensivierung und Ausdehnung des ökologischen Landbaus würden im Jahr 2020 ca. 20%

und im Jahr 2050 sogar 55% der landwirtschaftlich genutzten Fläche fehlen und unter den angenommenen Rahmenbedingungen Nahrungsmittel extrem knapp werden. Dies hätte zur Folge, dass entweder die vorgegebene Extensivierung nicht so stark fortschreiten würde oder mit überproportional kräftig steigenden Nahrungsmittelpreisen zu rechnen wäre, die wiederum eine Nachfrageänderung in Richtung vegetarischer Ernährung herausfordern würde. Denn unter dem Szenario würden sich die Preise für Veredlungsprodukte deutlich stärker erhöhen als die für vegetarische Nahrungsmittel. Festzustellen ist ganz eindeutig, dass eine Beibehaltung der Verzehrsgewohnheiten und eine gleichzeitige Durchsetzung ‚überzogener' ökologischer Ziele überhaupt nicht kompatibel ist. Dabei würden sich aber automatisch die Preise für Nahrungsmittel so stark erhöhen, dass sich ein niedrigeres Verbrauchsniveau an Nahrungsmitteln einstellen würde,. wahrscheinlich begleitet von einer Zunahme von Hunger und Armut in Problemregionen der Welt.

Alternativszenario „Änderung des Ernährungsverhaltens": Eine Änderung des Ernährungsverhaltens beispielsweise nach Empfehlungen der Weltgesundheitsorganisation für eine gesündere Ernährung betrifft nur die Länder bzw. Bevölkerungsschichten auch in defizitär ernährten Ländern mit außergewöhnlich hohem Nahrungsmittel-Pro-Kopf-Verbrauch. Das bedeutet für mehr als 70% der Länder, insbesondere viele afrikanische und asiatische Länder, dass der durchschnittliche Pro-Kopf-Verbrauch dort überhaupt nicht verändert wird. Zwar gibt es dort auch Überernährte, so wie es in durchschnittlich überernährten Ländern Verbraucher mit Ernährungsverhalten nach WHO-Empfehlungen gibt. Letztere bleiben unberücksichtigt. Die Auswirkungen eines geänderten Ernährungsverhaltens sind in Tabelle 13 im Vergleich zu dem Szenario „Naturschutz" zu beurteilen. Die Potenziale reichen länger bzw. Nahrungsdefizite treten viele Jahre später auf und werden nicht so groß. Die tendenziell zunehmende Verknappung der Nahrungsmittel könnte nicht aufgehoben werden, auch wenn es gelänge, 50% höhere Ertragsfortschritte zu realisieren.

Kombinationsszenario: „Ökologische Nachhaltigkeit und geändertes Ernährungsverhalten": Die Entwicklung der Potenziale unter diesem Szenario zeigt ziemlich eindeutig, dass unter den Annahmen des „Ökologischen Nachhaltigkeitsszenarios" die damit einhergehende Versorgungskrise mit Nahrungsmitteln durch eine strikte Änderung des Ernährungsverhaltens gemildert, aber nicht aufgehoben werden kann.

13. Auswirkungen auf die Preise für Agrarrohstoffe

Über die zukünftigen Preiserwartungen für Agrarrohstoffe gibt es nur wenige seriöse Studien. Diese berücksichtigen die oben dargestellten Interdependenzen in globalen Gleichgewichtsmodellen. Die Schwierigkeit liegt bei diesen Prognosen stets darin, die sich in den letzten Jahren abzeichnenden neuen Trends in ihrem Einfluss auf Verhaltensweisen und Preisbildung sachgerecht abzubilden.

Inzwischen liegen mit dem Outlook von FAPRI, FAO, OECD sowie IFPRI neue Berechnungen unter veränderten Annahmen zur Nahrungsmittelnachfrage vor.

Abbildung 6: Entwicklung der Weltmarktpreise für Getreide und Rohöl sowie Preisprognose von OECD und FAPRI bis 2016 (US$/t bzw. US$/bbl)

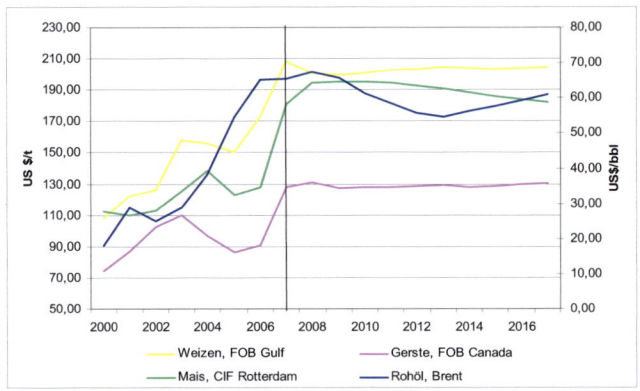

Quelle: OECD / FAO (2007): OECD-FAO Agricultural Outlook 2007-2016.

Den Berechnungen liegen Annahmen zugrunde, die zurückliegenden mittelfristigen Trends entsprechen. Dies trifft vor allem zu für das globale Wirtschaftswachstum mit 3,3%/Jahr, ein Bevölkerungswachstum von 1,2%/Jahr und einer realen Einkommenssteigerung in den maßgeblichen Staaten China und Indien von 7,8 bzw. 6,9%/Jahr. Weiterhin wurde unterstellt, dass der Weltmarktpreis für Rohöl bei 50 US$/Barrel liegt. Da die Preisprognosen bis zum Jahr 2016/17 ermittelt worden sind, erscheint dieser Preis für Rohöl vergleichsweise niedrig angesetzt zu sein (Abbildung 6). Nicht nur für Getreide, Ölsaaten und Zucker wurden gegenüber dem Jahr 2006 real konstante Preise auch für das Jahr 2016 geschätzt, sondern auch für Fleisch und Milchprodukte führte die Prognose zu real stabilen und eher steigenden Preisen (Tabelle 9).

Wie die Prognose zur Entwicklung der Weltmarktpreise für Getreide und Rohöl zeigt, wird davon ausgegangen, dass die Weltmarktpreise für Weizen auf dem Niveau von 200 $/t liegen werden und real bis zum Jahr 2016 konstant bleiben. Analog dazu liegen die Preise für Mais und Gerste auf niedrigerem Niveau. Die Preisprognosen zeigen eindeutig, dass die Getreidepreise mit dem Rohölpreis synchron gestiegen sind und auf längere Sicht in Folge der Austauschbeziehungen eine Preisinzidenz zwischen Rohölpreis und Getreide bestehen bleibt. Trotz der gegenwärtig deutlich höheren Preise für Getreide in Deutschland und auch am Weltmarkt erscheint die Preisprognose realistisch.

Die derzeitigen Preise sind – wie oben dargestellt– stark durch kurzfristige Ereignisse beeinflusst. Das prognostizierte Preisniveau deckt die Grenzkosten der für die Nahrungsmittelversorgung notwendigen Anbieter (im Gegensatz zu dem Zeitraum der letzten 15 Jahre).

Szenarienrechnungen unter der Annahme eines ungebrochen weiter steigenden Nachfragezuwachses für Nahrungsmittel in den bevölkerungsreichen Schwellenländer ergeben eine weitere Preissteigerung auf real 250 US$/t Weizen im Jahr 2016 (Abbildung 7). Auch dieser Weizenpreis läge bei derzeitigem Wechselkurs Euro/Dollar noch deutlich unter dem aktuellen Inlandspreisniveau in Deutschland. Insgesamt folgt aus den Studien, dass die Agrarpreise (zunächst außer Zucker) mittelfristig und nachhaltig auf einem gegenüber den 1990er Jahren höherem Niveau liegen werden.

Tabelle 9: Steigerung der Weltmarktpreise von 2006 bis 2016

Weltmarktpreise in US $	2006	2016	Änderung 2006-2016 (%)
Weizen	208	204	-1,9
Mais (Rott.)	181	182	0,6
Gerste (Can.)	128	131	2,3
Raps (Hamb.)	351	311	-11,4
Zucker (Caribic)	262	293	11,8
Geflügel (EU	1726	2062	19,5
Schweine (U.S.)	1111	1191	7,2
Milch (U.S.)	285	320	12,3
Käse (EU)	2706	3228	19,3
Butter (EU)	1912	2295	20,0

Quelle: OECD/FAO (2007): OECD-FAO Agricultural Outlook 2007-2016.

Abbildung 7: Entwicklung der Weltmarktpreise für Getreide bis 2016 unter Annahme eines positiven Preistrends (US$/t)

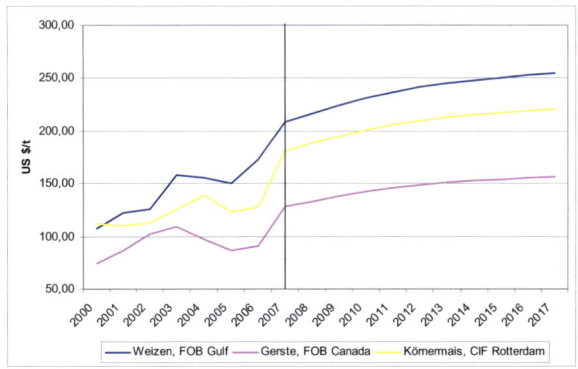

Quelle: Nach OECD/FAO (2007): OECD-FAO Agricultural Outlook 2007-2016.

Abbildung 8: Entwicklung der Weltmarktpreise für Ölsaaten und Soja bis 2016 unter Annahme eines positiven Preistrends (US$ / t)

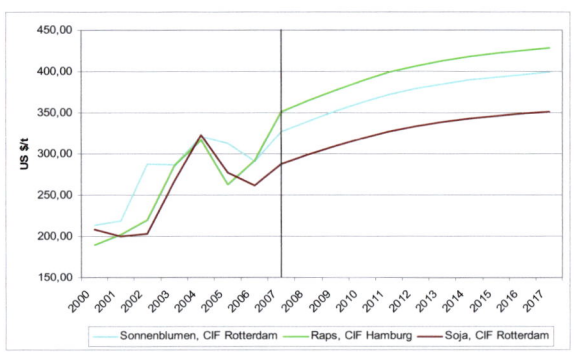

Quelle: Nach OECD/FAO (2007): OECD-FAO Agricultural Outlook 2007-2016.

Wie von Braun (2008) und viele andere feststellen, ist eine eindeutige Antwort auf die zukünftige Preisentwicklung bei Agrargütern nahezu unmöglich. Dennoch stimmen viele Untersuchungen darin überein, dass aufgrund der gegenwärtigen Triebkräfte am Agrarmarkt stabile bis steigende Tendenzen bei den Agrarpreisen zu erwarten sind. In diesem Zusammenhang zitiert von Braun

(2008) folgendes: „Die OECD- und FAO-Vorschau geht von Preissteigerungen aus, die bei Grobgetreide, Weizen und Ölsaaten ein Preiswachstum von 34 und 20 bzw. 13% gegenüber 2005 erwarten lassen. Das „Food and Agricultural Policy Research Institut" (FAPRI) rechnet bis 2009/10 mit anhaltenden Nachfrage- und Preissteigerungen für Getreide und sagt für die Folgezeit voraus, dass die Zunahme der Getreideproduktion mit dem Bedarfswachstum Schritt halten werde. Von Biobrennstoffen wird den Erwartungen des FAPRI zufolge kein nennenswerter Einfluss mehr auf die Weizenmärkte ausgehen. Die Prognose des FAPRI hinsichtlich der Weizenpreise besagt, dass diese, so lange wie das Bevölkerungswachstum den rückläufigen Pro-Kopf-Verbrauch wettmacht, bei stabiler Nachfragelage also, konstant bleiben.

Übereinstimmend stellen alle Prognosen zukünftiger Agrarpreisentwicklung fest, dass mindestens mit real konstanten Agrarpreisen für den Zeitraum 2007 bis 2016/17 gerechnet werden kann.

Die globalen Notwendigkeiten zum politischen Handeln werden nicht ernsthaft wahrgenommen und durch nationale Interessen konterkariert.

Aus den Szenarienrechnungen sind wichtige Schlussfolgerungen für nationale Politiken und globale Handlungsziele zu ziehen:

- Die zukünftige Nahrungsmittelversorgung gerät spätestens ab 2020 ins Defizit, wenn es nicht gelingt, die Angebots- und gegebenenfalls auch die Nachfragetrends zu verändern.
- Ein effektiver Schutz der Regenwälder steht nicht im Konflikt mit der Ernährungssicherung und scheint aus Gründen des Klimaschutzes geboten.
- Die Probleme der Ernährungssicherung und Energiebereitstellung aus Biomasse erfordern vor allem neue Strategien der Agrarwirtschaft, die Produktionspotenziale effektiv zu nutzen.
- Das technisch nutzbare Potenzial der deutschen Landwirtschaft ist groß, weil der Pro-Kopf-Verbrauch und die Bevölkerungszunahme weitgehend stagnieren und ein noch beträchtliches Potenzial in der Nutzung von Stilllegungsflächen und in der Steigerung der Erträge sowie in der Nutzung von Reststoffen (z.B. Stroh) bestehen. Um die Angebotspotenziale an Biomasse zu steigern und gefährliche Folgen einer mangelnden Nahrungsmittelversorgung wie Hunger, Armut und Migration zu mildern, ist eine ideologisch auf das Nullrisiko ausgerichtete restriktive Haltung zum Einsatz ertragssteigernder Betriebsmittel, zu Natur- und Umweltschutz und zur Grünen Gentechnik aufzugeben und im gesellschaftlichen Diskurs weiter zu versachlichen. In diese Debatte sind die Risiken eines Verzichts auf technische Fortschritte wie beispielsweise der „Grünen Gentechnik" auf den Nahrungsmittelmärkten mit zu berücksichtigen.

Insgesamt folgt aus den Entwicklungen und Erwartungen, dass die Weltgemeinschaft dringend gefordert ist, sich den Herausforderungen der Ernährungssicherung zu stellen.

Literaturverzeichnis

Braun, Joachim von (2008): Die Weltmärkte bewegen sich. In: Deutsche Landwirtschafts-Gesellschaft e.V. (Hrsg.): Agrar-Potenziale nutzen! Herausforderung für Landwirte und Gesellschaft. Archiv der DLG 102, Frankfurt: DLG-Verlag.

FAOSTAT: Agricultural data, Crops primary.
http://faostat.fao.org/faostat/form?collection=Production.Crops.Primary&Domain=Production&servlet=1&hasbulk=0&version=ext&language=EN, 30.04.2004.

FAOSTAT: Agricultural data, Live animals.
http://faostat.fao.org/faostat/form?collection=Production.Livestock.Stocks&Domain=Production&servlet=1&hasbulk=0&version=ext&language=EN, 30.04.2004.

Holdren, John P. (2007): Energy policy in theory and practice. Presentation for the AGI leadership forum on communicating geoscience to policymakers. Washington D.C., 30. April 2007.

OECD/FAO (2007): OECD-FAO Agricultural Outlook 2007-2016.

Statistisches Jahrbuch für Ernährung, Landwirtschaft und Forsten: Verschiedene Jahrgänge (ab 1996).

Thrän, Daniela (2007): Energetische Biomassenutzung – Stand und Perspektiven. Innoregio Bioenergie-Treffen am 29. August 2007 in Neuzelle.

Thrän, Daniela und Jaqueline Daniel (2007): Stromerzeugung aus Biomasse im Rahmen des EEG – Stand 2007. In: TU Bergakademie Freiberg (Hrsg.): 13. Internationale Fachtagung „Energetische Nutzung nachwachsender Rohstoffe" am 06./07 September 2007. Tagungsband.

Thrän, Daniela, Michael Weber, Anne Scheuermann, Nicolle Fröhlich, Jürgen Zeddies, Arno Henze, Carsten Thoroe, Jörg Schweinle, Uwe R. Fritsche, Wolfgang Jenseit, Lothar Rausch und Klaus Schmidt (2006): Nachhaltige Biomassenutzungsstrategien im europäischen Kontext. Erstellt im Auftrag des Bundesministeriums für Umwelt, Naturschutz und Reaktorsicherheit.

Toepfer International: Statistische Informationen 2006.
http://www.agrarheute.com/index.php?redid=102117&id=Marktfr%FCchte+-+Handel%3A1.

Zeddies, Jürgen (2006): Rohstoffverfügbarkeit für die Produktion von Biokraftstoffen in Deutschland und in der EU. 25. Forschungsbericht 6/2006, Universität Hohenheim, Institut für Landwirtschaftliche Betriebslehre.

ZMP: Verschiedene Jahrgänge (ab 1992).

Autoren

Appel, Franziska:
Institut für Agrarentwicklung in Mittel- und Osteuropa, Halle (Saale)

Balmann, Alfons, Prof. Dr.:
Institut für Agrarentwicklung in Mittel- und Osteuropa, Halle (Saale)

Dubois, Andreas, Dr.:
Agrargenossenschaft Trebbin eG

Grundmann, Philipp, Dr.:
Leibniz-Institut für Agrartechnik Potsdam-Bornim e.V. und Humboldt-Universität zu Berlin

Hirschauer, Norbert, Prof. Dr.:
Martin-Luther-Universität Halle-Wittenberg

Kellermann, Konrad, Dipl.-Ing. agr.:
Institut für Agrarentwicklung in Mittel- und Osteuropa, Halle (Saale)

Klauss, Hilde, Dr.:
Leibniz-Institut für Agrartechnik Potsdam-Bornim e.V. und Humboldt-Universität zu Berlin

Koch, Matthias:
Raiffeisen-Warenzentrale Kurhessen-Thüringen GmbH

Lepel, Andreas:
Volksbank Stendal eG

Müller, Ottmar:
Volksbank Stendal eG

Mußhoff, Oliver, Prof. Dr.:
Georg-August-Universität Göttingen

Schindler, Mathias:
Leibniz-Institut für Agrartechnik Potsdam-Bornim e.V. und Humboldt-Universität zu Berlin

Zeddies, Jürgen, Prof. Dr. Dr. h.c.:
Universität Hohenheim

Publikationen des Instituts für Genossenschaftswesen

Berliner Schriften zur Kooperationsforschung/Berlin Cooperative Studies

Band 08: ISBN 3-89404-648-1 22,90 €
Barbara König:
Stadtgemeinschaften.
Das Potenzial der Wohnungsgenossenschaften für die
soziale Stadtentwicklung, Berlin 2004.

Band 07: ISBN 3-89404-647-3 25,90 €
Joachim Opalka:
Eine Zukunft für Wohnungsgenossenschaften. Organisation, Finanzierung, Chancen aus juristischer Sicht,
Berlin 2001.

Band 06: ISBN 3-89404-646-5 15,90 €
Konrad Hagedorn/Andreas Eisen (Hrsg.):
Lernstücke. Genossenschaften in Ostdeutschland,
Berlin 2000.

Band 05: ISBN 3-89404-645-7 25,90 €
Volker Beckmann:
Transaktionskosten und institutionelle Wahl in der
Landwirtschaft. Zwischen Markt, Hierarchie und Kooperation, Berlin 2000.

Band 04: ISBN 3-89404-644-9 18,90 €
Andreas Eisen/Konrad Hagedorn (Eds.):
Cooperatives in Central and Eastern Europe. Selfhelp
in Structural Change, Berlin 1998.

Band 03: ISBN 3-89404-643-0 18,90 €
Rolf Steding/Jost W. Kramer:
Konturen der Genossenschaftsentwicklung in den
europäischen Transformationsstaaten, Berlin 1998.

Band 02: ISBN 3-89404-642-2 18,90 €
Lutz Laschewski:
Von der LPG zur Agrargenossenschaft. Untersuchungen zur Transformation genossenschaftlich
organisierter Agrarunternehmen in Ostdeutschland,
Berlin 1998.

Band 01: ISBN 3-89404-641-4 27,90 €
Andreas Eisen/Konrad Hagedorn (Hrsg.):
Genossenschaften in Mittel- und Osteuropa. Selbsthilfe im Strukturwandel, Berlin 1997.

Berliner Beiträge zum Genossenschaftswesen/Berlin Cooperative Papers

Heft 69: ISBN 3-86741-592-7 22,90 €
Markus Hanisch (Hrsg.):
Brennpunkt Agrarpreise – Ursachen, Trends und Risikomanagement für die Praxis

Heft 68: ISBN 3-938512-00-8 34,90 €
Wilhelm Kaltenborn:
Genossenschaften zwischen Sozialisierung und Gemeinwirtschaft.
Die arbeits- und produktivgenossenschaftliche Bewegung in Deutschland nach 1918, ihre Rahmenbedingungen und ihre gewerkschaftlichen Weiterführungen im Baugewerbe bis 1933, Berlin 2008.

Heft 67: ISBN 3-929603-99-3 21,90 €
„Wenn alle in die gleiche Richtung laufen, kippt die Welt um". Prof. Dr. Rolf Steding zum 70. Geburtstag, Berlin 2007.

Heft 66: ISBN 3-929603-98-5 19,90 €
Susanne Fink/Markus Hanisch/Volker H. Peemöller:
Unternehmensbewertung zur Unterstützung von Entscheidungen bei der Verschmelzung von Genossenschaften, Berlin 2007.

Heft 65: ISBN 3-929603-97-7 16,90 €
Rolf Steding:
Die Genossenschaftsidee: Chancen und Klippen eines Kooperationskonzepts aus rechtlicher Sicht –
Eine Anthologie von Beiträgen zu ausgewählten Aspekten der Genossenschaft und ihrer Gestaltung, Berlin 2006.

Heft 64: ISBN 3-929603-96-9 16,90 €
Holger Blisse/Markus Hanisch (Hrsg.):
Finanzierung und genossenschaftlicher Finanzverbund im Wandel, Berlin 2005.

Heft 63: ISBN 3-929603-95-0 18,90 €
Stephan Beetz:
Mitgliederbeziehungen in Wohnungsgenossenschaften – Gestaltungsmöglichkeiten zwischen Unternehmertum, Partizipation und Nachbarschaft, Berlin 2005.

Heft 62: ISBN 3-929603-88-8 14,50 €
Jost W. Kramer:
Produktivgenossenschaften als Instrument der Arbeitsmarktpolitik? –
Anmerkungen zu ihren Entstehungsbedingungen und Fördermöglichkeiten, Berlin 2005.

Heft 61: ISBN 3-929603-87-X 17,90 €
Rolf Steding/Holger Blisse/Markus Hanisch (Hrsg.):
Grundfragen der Theorie und Praxis
der Genossenschaften –
Beiträge im Rahmen der Ringvorlesung im Wintersemester 2003/2004, Berlin 2004.

Heft 60: ISBN 3-929603-86-1 vergriffen
*Holger Blisse/Markus Hanisch/Norbert Hirschauer/
Jost W. Kramer/Martin Odening:*
Risikoorientierte Agrarkreditvergabe –
Entwicklung und Konsequenzen, Berlin 2004.

Heft 59: ISBN 3-929603-85-3 14,90 €
*Detlev Hummel (Hrsg.)
unter Mitarbeit von Holger Blisse:*
Mittelstandsfinanzierung und Kreditgenossenschaften auf dem Wege zu Basel II.
Eine Dokumentation der Expertenkonferenz am
11. Oktober 2002 an der Universität Potsdam,
Berlin 2003.

Heft 58: ISBN 3-929603-84-5 12,00 €
Hans-H. Münkner:
Organisierte Selbsthilfe gegen soziale Ausgrenzung –
„Multi-stakeholder Genossenschaften" in der internationalen Praxis, Berlin 2002.

Heft 57: ISBN 3-929603-83-7 vergriffen
Wilhelm Kaltenborn:
Zwischen Resistenz und Einvernahme
Die Konsumgenossenschaften in der DDR –
Versuch einer Bestandsaufnahme, Berlin 2002.

Heft 56:   ISBN 3-929603-82-9   34,90 €
Markus Hanisch (Hrsg.):
Genossenschaftsmodelle – zwischen Auftrag und Anpassung
Festschrift zum 65. Geburtstag von
Prof. Dr. Rolf Steding, Berlin 2002.

Heft 55:   ISBN 3-929603-81-0   10,50 €
Rolf Steding:
Das Recht der eingetragenen Genossenschaft – Ein Überblick, Berlin 2002.

Heft 54:   ISBN 3-929603-79-9   10,50 €
Holger Blisse:
Eigenkapitalbildung und Mitgliederbindung bei Kreditgenossenschaften, Berlin 2000.

Heft 53:   ISBN 3-929603-80-2   10,50 €
Friedrich-Leopold von Stechow (Hrsg.):
Mittelstand und Genossenschaften.
Bedeutung für die regionale Wirtschafts- und Arbeitsmarktpolitik in Ostdeutschland, Berlin 2000.

Heft 52:   ISBN 3-929603-78-0   9,00 €
Paul Hagelschuer (Hrsg.):
Die Megatrends der Weltagrarmärkte und die deutsche Agrarwirtschaft, Berlin 2000.

Heft 51:   ISBN 3-929603-77-2   10,50 €
Friedrich-Leopold von Stechow (Hrsg.):
Marketing im Genossenschaftssektor, Berlin 2000.

Heft 50:   ISBN 3-929603-49-7   9,00 €
Jost W. Kramer:
Co-operatives as Actors in a Market Economy, Berlin 2000.

Heft 49:   ISBN 3-929603-48-9   vergriffen
T. Raimund Reintjes:
Partizipation als Wettbewerbsvorteil
Die Gestaltung der Mitgliederbeziehungen in Wohnungsgenossenschaften als Herausforderung für eine zukunftsfähige Unternehmensentwicklung, Berlin 1999.

Heft 48:　　　　　　　　　　　　　　　　ISBN 3-929603-47-0　　12,50 €
Jens Zinke:
Die Entwicklung der landwirtschaftlichen Genossen-
schaften in der Weimarer Republik, Stuttgart 1999.

Heft 47:　　　　　　　　　　　　　　　　ISBN 3-929603-46-2　　9,00 €
Rolf Steding/Christine Fiedler:
Die Beteiligung der Genossenschaft an Unternehmen
anderer Rechtsform, Eine Studie zu § 1 Abs. 2 GenG,
Berlin 1999.

Heft 46:　　　　　　　　　　　　　　　　ISBN 3-929603-43-8　　vergriffen
George Turner:
Aufsichtsgremien und Beiräte. Mit Vorschlägen für
Gesellschaftsvertrag, Satzung und Geschäftsordnung,
Berlin 1999.

Heft 45:　　　　　　　　　　　　　　　　ISBN 3-929603-44-6　　vergriffen
Friedrich-Leopold von Stechow (Hrsg.):
Aktuelle Entwicklungen des Genossenschaftswesens
in Deutschland, Berlin 1999.

Heft 44:　　　　　　　　　　　　　　　　ISBN 3-929603-41-1　　vergriffen
Ramesh Chennamaneni/Andreas Eisen:
Co-operatives at Cross Roads in India: Experiences
from an Enquiry into a Model Project in Andhra
Pradesh, Berlin 1998.

Heft 43:　　　　　　　　　　　　　　　　ISBN 3-929603-42-X　　7,50 €
Remi Adeyemo:
Agricultural Crisis and Small Farmers Participation.
An Analysis of Self-help Cooperative Movement in
Nigeria, Berlin 1998.

Heft 42:　　　　　　　　　　　　　　　　ISBN 3-929603-45-4　　8,50 €
Lutz Laschewski unter Mitarbeit von Andreas Schulze:
KONSUM im Wandel. Wege und Perspektiven ost-
deutscher Konsumgenossenschaften, Berlin 1998.

Heft 41:　　　　　　　　　　　　　　　　ISBN 3-929603-40-3　　11,50 €
Johann Brazda/Gerhard Rönnebeck (Hrsg.):
Genese und neue Wege des Genossenschaftswesens in
Bulgarien, Berlin 1998.

Heft 40:　　　　　　　　　　　　　　　　ISBN 3-929603-39-X　　12,50 €
George Turner/Klaus Werner (Hrsg.):
Materialien zum Agrarrecht, Berlin 1998.

Berliner Beiträge zum Genossenschaftswesen

Heft 39:
Konrad Hagedorn (Hrsg.):
Agrargenossenschaften. Mitgliederinteressen und ökonomische Perspektiven, Berlin 1998.
ISBN 3-929603-38-1   8,50 €

Heft 38:
Andreas Eisen (Hrsg.):
Wohnungsgenossenschaften in Ostdeutschland. Entwicklungschancen und Zukunftsperspektiven, Berlin 1998.
ISBN 3-929603-37-3   8,50 €

Heft 37:
Rolf Steding/Andreas Eisen (Hrsg.):
Genossenschaftssichten. Genossenschaftswissenschaftliche Wortmeldungen Gerhard Rönnebeck zum 70. Geburtstag, Berlin 1997.
ISBN 3-929603-36-5   vergriffen

Heft 36:
Günter Lorenzl (Hrsg.):
Zur transformierten Landnutzung in Estland: Konzeptionelle und empirische Ansätze, Berlin 1997.
ISBN 3-929603-35-7   vergriffen

Heft 35:
Konrad Hagedorn (Hrsg.):
Neue Herausforderungen an die ostdeutsche Landwirtschaft, Berlin 1997.
ISBN 3-929603-34-9   8,50 €

Heft 34:
George Turner (Hrsg.):
„Direct Banking" – Eine Herausforderung für den genossenschaftlichen Finanzverbund, Berlin 1997.
ISBN 3-929603-33-0   9,50€

Heft 33:
Thomas Tanneberger:
Landwirtschaftliche Unternehmensentwicklung im Transformationsprozeß der russischen Wirtschaft – Beispiel einer Kolchosgenossenschaft in der Kulunda-Steppe/ Westsibirien, Berlin 1997.
ISBN 3-929603-32-2   10,50 €

Heft 32:
Dietrich Haensch:
Produktivgenossenschaften in Italiens Landwirtschaft: Ursprung, Anspruch und Behauptung im Wandel, Berlin 1997.
ISBN 3-929603-31-4   vergriffen

Heft 31: Struktur und Wandel von Mitglieder – Genossenschaftsbeziehungen in Agrargenossenschaften, Berlin 1996. ISBN 3-929603-30-6 6,50 €

Heft 30:
Eberhard Dülfer:
„Industrial Relations" bei Genossenschaften, Berlin 1997. ISBN 3-929603-29-2 7,00 €

Heft 29:
Klaus Böhme:
Prüfungspflicht für Agrargenossenschaften, Berlin 1996. ISBN 3-929603-28-4 10,00 €

Heft 28:
Thomas Siegers:
„Kooperationsvorteile" für förderungswirtschaftlich orientierte Kreditgenossenschaften in Deutschland im Rahmen der europäischen Integration, Berlin 1996. ISBN 3-929603-27-6 7,00 €

Heft 27:
Günter Lorenzl (Hrsg.):
Privatisierung und Transformation: Einsichten und Ansichten zur Agrarentwicklung in Estland, Berlin 1996. ISBN 3-929603-26-8 6,00 €

Heft 26:
Genossenschaftsentwicklung in postsozialistischen Ländern. Äthiopien, Bulgarien, Slowenien, Berlin 1996. ISBN 3-929603-25-X 7,00 €

Heft 25:
Entwicklungschancen ländlicher Genossenschaften in den östlichen Bundesländern, Berlin 1996. ISBN 3-929603-24-1 5,00 €

Heft 24:
Jost W. Kramer:
Der Beitrag des Property-Rights-Ansatzes zur Erklärung wirtschaftlicher Entwicklung, Berlin 1996. ISBN 3-929603-23-3 6,00 €

Heft 23:
Lothar Vollmer:
Die kapitalistische Genossenschaft, Berlin 1995. ISBN 3-929603-22-5 5,00 €

Heft 22:
Thomas Brockmeier:
Das Genossenschaftswesen in Polen, Berlin 1994. ISBN 3-929603-21-7 5,00 €

Heft 21:
A. Meuer /A. Schmidt /G. Rönnebeck /J. W. Kramer:
Dokumentation der genossenschaftswissenschaftlichen Traditionen an der Martin-Luther-Universität Halle-Wittenberg und der Humboldt-Universität zu Berlin, Berlin 1994.

ISBN 3-929603-20-9   5,00 €

Heft 20:
Auf den Spuren des Genossenschaftsgedankens, Berlin 1994.

ISBN 3-929603-19-5   5,00 €

Heft 19:
Rolf Steding:
Genossenschaftsrecht zwischen Intention und Realität, Berlin 1994.

ISBN 3-929603-18-7   5,00 €

Heft 18:
Genossenschaften im internationalen Wirtschaftsgeschehen und ihre Förderung, Berlin 1994.

ISBN 3-929603-17-9   5,00 €

Heft 17:
Auf dem Weg in die Marktwirtschaft.
Der Transformationsprozeß der Genossenschaften in Bulgarien, Slowenien und der Ukraine, Berlin 1994.

ISBN 3-929603-16-0   6,00 €

Heft 16:
Gerhard Rönnebeck:
Die Konsumgenossenschaften in der ehemaligen DDR - eine kritische Analyse, Berlin 1994.

ISBN 3-929603-15-2   5,00 €

Heft 15:
Existenzfragen und Entwicklungschancen bei Agrargenossenschaften, Berlin 1994.

ISBN 3-929603-14-4   5,00 €

Heft 14:
Rolf Steding:
Produktivgenossenschaften in der ostdeutschen Landwirtschaft - Ursprung und Anspruch, Berlin 1994.

ISBN 3-929603-13-6   5,00 €

Heft 13:
Jost W. Kramer:
Frühwarnung im Rahmen von Kontroll- und Überwachungssystemen einer Genossenschaftsbank, Berlin 1993.

ISBN 3-929603-12-8   5,00 €

Heft 12:
Der genossenschaftliche Aufbau in den neuen Bundesländern. Die Situation der Konsum- und gewerblichen Genossenschaften, Berlin 1993.

ISBN 3-929603-11-X   4,25 €

Heft 11:
Das genossenschaftliche Kreditgewerbe in Ostdeutschland zwischen Verbunddenken, Existenzsicherung und Marktzwängen, Berlin 1993.

ISBN 3-929603-10-1   vergriffen

Heft 10:
Rolf Steding:
Reflexionen über die genossenschaftliche Rechtsreform unter marktwirtschaftlichen Bedingungen, Berlin 1993.

ISBN 3-929603-09-8   5,00 €

Heft 09:
Genossenschaften im Spannungsfeld zwischen geschichtlicher Philosophie und wirtschaftlich-rechtlichen Veränderungen, Berlin 1993.

ISBN 3-929603-08-X   4,25 €

Heft 08:
George Turner:
Einführung in das Wirtschafts- und Gesellschaftsrecht der Bundesrepublik Deutschland unter besonderer Berücksichtigung der eingetragenen Genossenschaft, Berlin 1993.

ISBN 3-929603-07-1   5,00 €

Heft 07:
Genossenschaften im ländlichen Bereich – Unterschiedliche Entwicklung, gleiche Probleme? Berlin 1993.

ISBN 3-929603-06-3   4,25 €

Heft 06:
Situation und Zukunft der Genossenschaften in der Landwirtschaft, Berlin 1993.

ISBN 3-929603-05-5   4,25 €

Heft 05:
Genossenschaftsbanken in sich ändernder Umwelt, Berlin 1993.

ISBN 3-929603-04-7   3,75 €

Heft 04:
Aktuelle Aspekte der Genossenschaften aus rechtlicher und wirtschaftlicher Sicht, Berlin 1993.

ISBN 3-929603-03-9   3,75 €

Heft 03:
Genossenschaften in einer Zeit des gesellschaftlichen Umbruchs, Berlin 1992.

ISBN 3-929603-02-0   vergriffen

Heft 02: ISBN 3-929603-01-2 3,75 €
Marketing - ein genossenschaftliches Problem?
Berlin 1992.

Heft 01: ISBN 3-929603-00-4 3,75 €
Die Genossenschaften und der Wohnungsmarkt - nur
Probleme oder auch Chancen? Berlin 1992.

Die *Berliner Beiträge zum Genossenschaftswesen/Berlin Cooperative Papers*
sind über den Buchhandel oder direkt zu beziehen beim
*Institut für Genossenschaftswesen an der Humboldt-Universität zu Berlin
Luisenstraße 53, D - 10099 Berlin, Tel.: (030) 2093-6500, Fax: (030) 2093-6501
E-mail: ifg-berlin@rz.hu-berlin.de, http://www.agrar.hu-berlin.de/genossenschaftswesen.*

Berliner Schriften zum Genossenschaftswesen

Band 08: ISBN 3-525-12807-X 47,00 €
Andreas Wölfle:
Genossenschaftliche GmbH und genossenschaftliche
KG, Göttingen 1996.

Band 07: ISBN 3-525-12806-1 22,00 €
Jerzy Kleer/Juhani Laurinkari/Johann Brazda:
Der Transformationsprozeß in Osteuropa und die Ge-
nossenschaften, Göttingen 1996.

Band 06: ISBN 3-525-12805-3 24,00 €
Rolf Steding:
Die Produktivgenossenschaften im deutschen Ge-
nossenschaftsrecht, Göttingen 1995.

Band 05: ISBN 3-525-12804-5 25,00 €
Rolf Steding (Hrsg.):
Genossenschaftsrecht im Spannungsfeld von Bewah-
rung und Veränderung, Göttingen 1994.

Band 04: ISBN 3-525-12803-7 21,00 €
Tode Todev /Johann Brazda:
Landwirtschaftliche Produktionsgenossenschaften in
Mittel- und Osteuropa, Göttingen 1994.

Band 03: ISBN 3-525-12802-9 23,00 €
George Turner:
Die eingetragene Genossenschaft im System des Ge-
sellschaftsrechts, Göttingen 1992.

Band 02: ISBN 3-525-12801-0 20,00 €
Horst Seuster:
Genossenschaftsmodelle für die ostdeutsche Landwirtschaft, Göttingen 1992.

Band 01: ISBN 3-525-12800-2 20,00 €
George Turner (Hrsg.):
Genossenschaften als Unternehmenstyp zur Förderung der Wirtschaft in den neuen Bundesländern, Göttingen 1992.

Diese Reihe ist mit Band 08 abgeschlossen. Die Titel dieser Reihe liefert Ihnen jede gute Buchhandlung. Weitere Informationen erhalten Sie durch:
Vandenhoeck & Ruprecht, Robert-Bosch-Breite 6, D - 37079 Göttingen
Tel.: (0551) 54782-0; Fax: (0551) 54782-14.

Berliner Hefte zum Internationalen Genossenschaftswesen

Heft 07: ISBN 3-929603-76-4 6,50 €
Maive Rute (Ed.):
The Cooperative Movement in Estonia, Berlin 1996.

Heft 06: ISBN 3-929603-75-6 6,50 €
Aspects of Economie Sociale, Transformation and Development, Berlin 1996.

Heft 05: ISBN 3-929603-74-8 6,00 €
Yohanan Stryjan:
Czechoslovak Agricultural Cooperation: The Vagaries of Institutional Transformation, Berlin 1994.

Heft 04: ISBN 3-929603-73-X 5,00 €
Co-operatives in Central and Eastern Europe between new Prospects and old Mistakes? Berlin 1994.

Heft 03: ISBN 3-929603-72-1 6,00 €
George Turner:
Einführung in das Wirtschafts- und Gesellschaftsrecht der Bundesrepublik Deutschland unter besonderer Berücksichtigung der eingetragenen Genossenschaft (Russ.), Berlin 1993.

Heft 02: ISBN 3-929603-71-3 8,00 €
Juhani Laurinkari:
An Historical Approach on the Development of Co-operatives, Berlin 1993.

Heft 01:
Economic Changes in Eastern Europe: Quo Vadis Cooperative Movement? Berlin 1993.

ISBN 3-929603-70-5   5,00 €

Diese Reihe ist mit Band 07 abgeschlossen und mit den Berliner Beiträgen zum Genossenschaftswesen/Berlin Cooperative Papers vereinigt.

Sonstige Publikationen aus der Arbeit des Instituts für Genossenschaftswesen

Kramer, Jost W./Eisen, Andreas (Hrsg.): Genossenschaften und Umweltveränderungen, Münster 1997: LIT Verlag.

ISBN 3-8258-3345-3   29,90 €

Nagelschmidt, Martin/Neymanns, Harald: Wandel bewältigt? Perspektiven der ostdeutschen Genossenschaftsbanken, Frankfurt a.M. 1999: Campus.

ISBN 3-593-36084-5   19,00 €

Diese Titel liefert Ihnen jede gute Buchhandlung.